Colección

P
sicomotricidad,
cuerpo y **movimiento**

Director de colección
Pablo Bottini

Diseño: Gerardo Miño
Composición: Laura Bono

Edición: Primera. Junio de 2016

ISBN: 978-84-16467-30-3

Lugar de edición: Buenos Aires, Argentina

Cualquier forma de reproducción, distribución, comunicación pública o transformación de esta obra solo puede ser realizada con la autorización de sus titulares, salvo excepción prevista por la ley. Diríjase a CEDRO (Centro Español de Derechos Reprográficos, www.cedro.org) si necesita fotocopiar o escanear algún fragmento de esta obra.

© 2016, Miño y Dávila srl / Miño y Dávila editores sl

dirección postal: Miño y Dávila srl
Tacuarí 540
(C1071AAL)
Buenos Aires, Argentina
tel-fax: (54 11) 4331-1565
e-mail producción: produccion@minoydavila.com
e-mail administración: info@minoydavila.com
web: www.minoydavila.com

Raquel Guido

Reflexiones
sobre el danzar

De la percepción del propio cuerpo al
despliegue imaginario en la Danza

ÍNDICE

11 PRÓLOGO

13 PALABRAS PRELIMINARES

15 INTRODUCCIÓN

19 **1 //** PROCESO CREADOR Y DIMENSIÓN LÚDICA EN EL ARTE
19 Introducción
21 Sujeto creador y dimensión lúdica
23 Jugar y crear exige el coraje de tolerar paradojas e incertidumbres
23 Vacío, Caos, Cosmos
24 La angustia ante lo informe
25 Libertad y límite
26 Espacio lúdico, espacio ficcional
27 Espontaneidad e improvisación
29 Objeto lúdico
31 Actuar en el mundo
33 Lo gratuito
34 Dimensión lúdica en el arte
35 Temporalidad lúdica
36 La emoción estética
37 Percepción abierta
38 El trabajo de creación artística
39 Imaginación, fantasía y ensueño
43 Arte y contexto contemporáneo
44 Conclusiones

- 47 **2 // Movimiento**
- 47 Introducción
- 49 Relatos míticos
- 50 Filosofía occidental
- 51 El movimiento
- 54 Organismo-medio / Necesidad-satisfacción. Vínculos
- 55 Motricidad humana
- 56 Del gesto como expresión espontánea al lenguaje gestual
- 59 Aspecto expresivo y aspecto pragmático de la motricidad
- 61 Ser en el mundo
- 61 Sistema tónico
- 67 Movimiento expresivo

- 71 **3 // Gesto, arte y cultura**
- 71 Miradas naturalistas del gesto
- 73 Crítica al pensamiento naturalista y biologista
- 75 Reflexiones sobre el lenguaje
- 78 Gesto en el arte
- 82 La captura del modelo lingüístico

- 87 **4 // Reflexiones sobre el *danzar***
- 87 El cuerpo en Maurice Merleau-Ponty
- 89 El cuerpo ¿no? Miente
- 96 Trazos y perfiles de la Expresión Corporal
- 100 Sensopercepción: una técnica sensorial para la Danza
- 108 Expresión Corporal: de la Sensopercepción al despliegue poético

- 111 **5 // Mirá quién baila**
- 111 Introducción
- 113 Representaciones y prácticas corporales
- 115 Mirá quién baila
- 117 Danza para todos
- 122 La fuerza en la Danza
- 128 Poética de lo óseo
- 131 Los otros apoyos
- 133 Imagen Corporal
- 137 A modo de conclusión reflexiva

139	**6 // "El cuerpo desfondado"**
139	Introducción
139	Apertura
140	De lo corporal ineludible
142	Devenir cuerpo
145	Cuerpos, ámbitos y contextos
147	**7 // Expresión Corporal, nuevas tendencias**
147	El decir del cuerpo en la Danza
148	El decir de la Expresión Corporal
149	Gesto, expresión y sentido en el arte
151	Reflexiones desde la práctica profesional
152	La práctica de la Expresión Corporal
155	La improvisación como camino
159	**8 // De la percepción del propio cuerpo al despliegue imaginario en la Danza**
159	Introducción
159	Ponencia
162	Cosecharemos todas las siembras
167	**Conclusión apasionada**
171	**Bibliografía**

Prólogo

Las cuestiones en torno a lo corporal, el movimiento, la creatividad y los sujetos productores y producidos *en el cuerpo y en el bailar,* se han vuelto mención casi obligada en los discursos artísticos, educativos y aun en los de la vida cotidiana. Raquel Guido vuelca en estas páginas sus reflexiones sin omitir las referencias a numerosos trabajos de teóricos provenientes de diversos campos disciplinares. Expone para el lector miradas y concepciones acerca de temas claves que, no por transitados, agotaron sus posibles definiciones.

El substrato de sus reflexiones se estructura en torno de la propia historia que, como profesora y también como alumna, ha recorrido. Advierte que el tradicional modo de enseñar por repetición puede, en el camino del diálogo colectivo, permitir un acercamiento a significar la repetición no como actividad automática sino como acción con sentido.

Dice la autora:

> Mi trabajo en Expresión Corporal –el que *me doy*, el que *doy a otros*, y el que *doy* para que otros *den*, multiplicando–, no puede sino tener el sello particular de la huella, que el suelo que pisé dejó en mi propio pie...
>
> ...Asumir mi *huella* en mi trabajo profesional es un modo de reconocer a todos aquellos que en algún momento me hicieron de 'suelo' o de tierra, donde pisé, caminé, salté, me arrastré, giré, me enraicé y golpeé, haciendo de cada propuesta y cada vínculo una *experiencia de vida*.

El narrar la propia historia ayuda a construir una lógica del interrogante al que nos acercamos de diferente manera, con distintos diseños y rediseños, a lo largo de la propia historia profesional. La narración se enmarca dentro de un paradigma hermenéutico que conlleva el reconocimiento de múltiples interpretaciones posibles de una misma realidad.

Este libro ofrece elementos para alimentar el debate. La autora espera que cada lector pueda realizar sus propias acotaciones al margen; señale las coincidencias o refute lo que aquí se afirma; agregue sus propias experiencias para acordar o confrontar; recurra a sus saberes como productor de arte, como educador o investigador para preguntarle al libro y preguntarse. También espera que los conocimientos tradicionales y los nuevos conceptos a los que arriben los estudiosos de la comunidad artística, contribuyan a definir otras preguntas, a elaborar respuestas para la práctica y la reflexión teórica, a crear nuevos problemas y diversas maneras de resolverlos. Entonces, como todo libro, éste habrá encontrado su destino: volver a ser escrito por cada lector.

Prof. Diana L. Piazza
Decana del Departamento de Artes del Movimiento de la
Universidad Nacional de las Artes (UNA)

Lic. Rita Parissi
Secretaria Académica del Departamento de Artes del Movimiento de la
Universidad Nacional de las Artes (UNA)

Palabras preliminares

Al principio era todo movimiento. Ese movimiento que nace de la quietud, que se inicia como una espiral imperceptible en un omóplato, o en la piel del codo, o en el dedo gordo del pie… Un movimiento que podía quedarse ahí, en esa quietud aparente, llena de remolinos invisibles. O podía desplegarse lento o rápido, fluido o cortado, suave o arrasador… hacia una Danza que siempre sería "propia", surgida del fondo de la carne, del hueso, de las vísceras o de la piel ("nada más profundo que la piel"). Eran las primeras clases con Queli, en los inicios de mi carrera hacia la docencia en Expresión Corporal (en el Instituto de Educación Corporal de Lola Brikman, allá por los años ochenta).

Pronto, las clases de movimiento, que ya estaban enriquecidas con rondas de cierre y evaluaciones, se volvieron todavía más sustanciosas con el aporte de bibliografía y debate. Transitamos, por entonces, la lectura y comentario de textos de Patricia Stokoe, Moshe Feldenkrais, Gerda Alexander, Gunna Briegher Muller, Jacques Dropsy, Michel Bernard. También exploramos terrenos más áridos y escarpados: Paul Schilder, Merleau-Ponty, Bowlby. De no ser porque ella iba delante devorándolos y regurgitando para nosotros una versión "asencillada" y predigerida que lograba fascinarnos, nos hubiéramos empantanado. Una vez que nos transmitía el entusiasmo y el impulso nos sentíamos capaces de "ir a las fuentes".

Los parciales domiciliarios, un bicho raro en aquellos tiempos, se convirtieron en espacios de reflexión, debate y creatividad. Nos fuimos animando a sacar nuestras propias conclusiones y a generar, de vez en cuando, alguna idea original. Modestos aportes a la teoría de lo corporal, teoría "propia" que ella estimulaba tanto como la Danza propia, siempre convencida de que bailar es una forma de pensamiento y pensar es una forma de Danza…

Y en esa línea, bien nutrida por lo mejor de los mejores maestros, Raquel Guido fue articulando una mirada propia acerca de la Expresión Corporal. Empezó a publicar artículos en diversas publicaciones donde me encontró como jefa de redacción, o directora.

Estableció contenidos y desarrollos para una carrera terciaria de formación en lo corporal, en la que me encontró como docente.

Cuando surgió la licenciatura en el Departamento de Artes del Movimiento del entonces Instituto Universitario Nacional del Arte (hoy UNA, Universidad Nacional de las Artes), Guido movió cielo y tierra para que nuestro título (privado, pero con reconocimiento estatal y validez nacional) nos habilitara para cursar el SEU (Seminario de Equivalencias Universitarias) y presentar la Tesina que nos convirtió en licenciadas. Y que le permitió ganar varios concursos en varias cátedras.

Quiero decir, también, con este recorrido, que fui su alumna, fui su jefa, su compañera de estudios, su colega... Y que soy su amiga. Y que por eso acepté escribir estas palabras preliminares. Porque la conozco bien, puedo dar testimonio de sus esfuerzos, de su honestidad intelectual, de su permanente crecimiento a fuerza de trabajo y empeño. Por lo mismo puedo testimoniar que es comprometida, alegre y vital la mayoría de las veces... dulce, amarga, picante... según las ocasiones. Es una mujer de múltiples aristas, compleja, difícil, bastante loca... con esa locura que compartimos y reivindicamos, locura inevitable de los sensibles, los creativos, los activos...

Con todo eso (estudios, lectura, programas de cátedra, contenidos de clase, tesina, artículos especializados...) escribió varios libros. Dos que ya publicó, éste que están a punto de leer, y alguno más que todavía está circulando por su incansable computadora... Todos merecen un lugar central en nuestra bibliografía "obligatoria". Los disfrutamos, y esperamos más.

Julia Pomiés
Directora de la Revista *Kiné*
Licenciada en Composición Coreográfica mención Expresión Corporal
Docente de la UNA, Cátedra Guido, Expresión Corporal I y II

Introducción

En este nuevo libro me propongo articular distintos trabajos, sometidos varias veces a un proceso de reescritura que parece nunca agotarse y dan cuenta y fundamento de mi manera de abordar el cuerpo y la Expresión Corporal.

Algunos de ellos ya han sido publicados, y luego ampliados para la presente edición, como el capítulo "Proceso creador y dimensión lúdica en el arte" que formó parte de un libro escrito junto a varios autores y publicado con el aval de la UBA, Facultad de Filosofía y Letras, Carreras de Artes.

Otros formaron parte de Ponencias en Congresos, como el I y II de Artes del Movimiento, realizados por el Departamento de Artes del Movimiento, IUNA, publicados en soporte digital por la misma institución y el más reciente 1º Congreso Internacional Revueltas en el Arte, y otros en soporte gráfico en la revista *Kiné*, o como materiales didácticos de difusión interna.

Otros, en cambio, son publicados por primera vez.

El trabajo en su conjunto pretende una articulación de sentidos, una transversalización de ejes, que me devuelven una y otra vez sobre la temática que vengo trabajando desde los años ochenta: el cuerpo –entendido como corporeidad–, en la cultura y el Arte del Movimiento.

El libro contiene textos teóricos como "Proceso creador y dimensión lúdica en el arte", tomando como eje al sujeto, su capacidad creadora y lúdica, la espontaneidad y la improvisación. También dedico un espacio para pensar el movimiento desde diversas perspectivas y el gesto en las artes escénicas contemporáneas haciendo un recorrido que va desde la expresión espontánea a la codificación del gesto y del cuerpo en el arte y la cultura, analizando críticamente la aplicación del modelo lingüístico al cuerpo y el movimiento. Luego una brevísima síntesis de la propuesta de Merleau-Ponty, tomando principalmente aquellas ideas que son coincidentes con la práctica de la Sensopercepción y la Expresión Corporal que propongo, pudiéndose hallar en Merleau-Ponty un sustento filosófico de nuestra práctica.

También me permito compartir con quienes lean una serie de "Reflexiones sobre el danzar" donde expongo y propongo participar de la búsqueda reflexiva de las Artes del Movimiento en su contexto contemporáneo, aplicando los conceptos trabajados en forma de artículos y ponencias.

Con el tiempo de tránsitos por diversas técnicas y abordajes corporales fui resignificando la experiencia corporal y me fui configurando una mirada y una práctica donde el cuerpo sensorial es eje. De la improvisación, de la Danza, de los aprendizajes motores, de la creatividad, del despliegue poético. En este espacio me propongo exponer y fundamentar el abordaje fenomenológico de la corporeidad que propongo.

Lo específico de mi propuesta en la Expresión Corporal se centra en el camino del "habitar el cuerpo" y de esta manera ponerlo en disponibilidad para que el flujo del movimiento encarne y despliegue energías, imágenes, sensaciones y emociones en un devenir de entrega a lo espontáneo. Se producen así unas danzas como acontecimientos irrepetibles, danzas efímeras. Lo espontáneo surge del centramiento en el aquí y ahora que deviene en Danza habitando el espacio y la duración.

El objetivo es estar presente. En la duración, en el momento en que nace y deviene un movimiento, un gesto, una escena, una dramática. Hay una cierta manera de provocar la sensibilidad corporal que tiene la Expresión Corporal que promueve una presencia del ser y de esta manera asumimos la propuesta de una presencia para ser en la Danza. La presencia se da, también, como un modo de estar en la escena. La presencia del bailarín revela su ser y estar ahí.

El movimiento surge de la indagación sensible del propio cuerpo y del entorno en un sujeto situado en el mundo. Se trata de abrir espacios y fundar territorios a explorar, donde la conciencia es "testigo" de las danzas emergentes y fugaces, ligadas al instante.

Encontrar en el *momento* un lugar fértil para sembrar y florecer en efímeros frutos. Danzar en el instante. El *momento* como el tiempo donde devienen las danzas. Un tiempo que no se mide, sino que se vive. La Expresión Corporal en este sentido puede ser pensada en torno a una estética de la experiencia, surgida de un "habitar" el cuerpo, el tiempo, el espacio y el medio vital y social. Danzamos *en* el cuerpo y no *con* él.

Finalmente en las "Conclusiones", el lector podrá entrar en el espacio íntimo de mis propias reflexiones, en un gesto que intenta legitimar mi propia síntesis –conceptual y práctica– presente en mi trabajo y en mi propuesta, tal como los trabajo en las aulas universitarias.

Parte de los textos finales ya fueron publicados en alguna instancia de su reescritura, en todo o en parte, por la revista *Kiné*, que en manos de Julia Pomiés y Carlos Martos, se encarga de detectar hasta los mínimos latidos de toda criatura viva presentes en una idea, en un texto o en una obra, y difundirlos para aquellos que quieren leer, ver, oír y saborear de cuerpo entero. Estos textos tienen una forma de escritura reflexiva, interrogante, aplicando conceptos expuestos en la primera parte del libro

Gracias sinceras y afectuosas para el Prof. Ignacio Arias –quien desde el campo de la Filosofía mira y escucha al cuerpo y construye un saber sobre Filosofía del Cuerpo–, por su paciencia amorosa al aconsejarme en mi texto sobre Merleau-Ponty ayudándome en mi intención de hacerlo comprensible para alguien no experto en Filosofía, encontrando relaciones con nuestra práctica sensoperceptiva, pero sin por eso hacer simplificaciones extremas o erróneas. Gracias además por sus enriquecedores aportes filosóficos a mi saber.

Mi agradecimiento especial para mi equipo de cátedra: Prof. Sandra Reggiani, Prof. Silvana Sagripanti, Prof. Alejandra Masa, Prof. Julia Pomiés y Prof. Gerardo Acosta por su trabajo comprometido y enriquecedor con nuestra práctica; por su apoyo, por el afecto y buena disposición con la que trabajamos en la Universidad Nacional de las Artes (UNA), Departamento de Artes del Movimiento conformando los equipos de mis Cátedras. ¡Un equipo de lujo!

Muy agradecida a la Prof. Diana Piazza y la Lic. Rita Parissi, Decana del Departamento de Artes del Movimiento de la Universidad Nacional de las Artes y Secretaria Académica respectivamente, por el apoyo recibido con el prólogo y por hacer de la UNA, DAM, un lugar donde todos podemos expresarnos y crecer. Y a mi querida amiga y colega de más de 30 años, Julia Pomiés, por sus amorosas palabras en "Palabras preliminares". Ella es testigo partícipe de todos estos años de ejercicio profesional y juntas hemos recorrido y compartido muchos caminos en el campo de lo corporal y la escritura y el amor mutuo.

Agredezco al querido Pablo Bottini, director de la Colección de Psicomotricidad de esta editorial y a Gerardo Miño, mi editor, por esta posibilidad maravillosa de poder dar a ver, sentir y pensar esta producción.

Gracias también a Ailín Canale quien me permitió en su momento incluir en este libro –cuando solo era un proyecto– un trabajo práctico suyo como estudiante de la carrera de Licenciatura en Composición Coreográfica mención Expresión Corporal de la Universidad Nacional de las Artes (ex IUNA), Departamento de Artes del Movimiento. Su trabajo práctico es una expresión genuina de la experiencia sensoperceptiva del cuerpo. *Su* experiencia y *su* modo de ponerle palabra. Tan bello que quiero compartirlo.

1 // PROCESO CREADOR Y DIMENSIÓN LÚDICA EN EL ARTE

Introducción[1][2]

> *La imaginación es un cuestionamiento*
> *permanente a la realidad establecida.*
> Esther Díaz (*La Ciencia y el Imaginario Social*)

Situándonos en el contexto contemporáneo donde la globalización puede ser leída como una figura que emerge de un discurso totalizador y hegemónico que insiste en perpetuarse, pensar el arte en torno a su poder de producir ruptura y quiebre implica sin duda un gesto potente y una forma de tomar postura.

Frente a un mundo y un orden que sigilosamente se naturaliza, el arte puede ser generador de un distanciamiento crítico capaz de introducir discernimiento y producir nuevos pensamientos en un proceso de resignificación de aquello que como humanos vivimos y producimos.

El arte pone en escena significaciones imaginarias, tanto sociales como individuales, que lo cotidiano intenta silenciar y –entendido en

---

1 Una versión del presente texto ha sido publicada anteriormente en el libro *El cuerpo incierto*, compilado por MATOSO, E., Bs. As., Editorial Letra Viva / UBA, 2006.

2 Parte del presente trabajo fue presentada en las IV Jornadas de Investigación *Nuevas intervenciones artísticas y académicas*. Directora Susana Tambutti. Ponencia: *Proceso creador, dimensión lúdica e improvisación en las Artes del Movimiento*. Departamento de Artes del Movimiento, IUNA, Centro Cultural de la Cooperación. Bs. As., 7 de junio 2010. COCOA 2010: Festival Internacional de Danza Independiente. Encuentro Iberoamericano. Espacio de exposición e investigaciones teóricas. *Proceso creador, dimensión lúdica e improvisación en las Artes del Movimiento*, Centro Cultural de la Cooperación. Bs. As., 11 de septiembre 2010. Segundo Congreso Internacional "Artes en cruce". *Bicentenarios latinoamericanos y globalización*. Organizado por la Facultad de Filosofía y Letras de la Universidad de Buenos Aires, Centro Cultural General San Martín. *Proceso creador, dimensión lúdica e improvisación en las Artes del Movimiento*. Bs. As., 4, 5, 6 de octubre 2010.

su capacidad productora de sentido- desafía a los esquemas habituales de percepción y pensamiento.

Es importante recordar que la especificidad de la tarea artística requiere que el planteo de problemas, conflictos y crítica y aun las posibles resoluciones no se aparten de la sujeción a criterios artísticos. Así el develamiento de lo propiamente humano de lo que el artista da cuenta, ya sea en lo referente a su escenario íntimo subjetivo o del orden social e histórico, queda expuesto y planteado como un problema por medio de la creación artística.

En tal sentido podemos pensar que el arte no remite a la reproducción o expresión de un mundo previo –mundo interno del artista, mundo social, o natural– sino que tomando como punto de partida una realidad que le antecede, crea un mundo nuevo poniendo en escena un sentido inédito.

Desde esta perspectiva, la obra transfigura lo real, presenta nuevos nexos, nuevas relaciones, revela lo oculto tras las formas previamente articuladas y desafía la emergencia de nuevas significaciones.

El objeto estético con lo que tiene de nuevo y original, presentándose con su propia lógica y su propia significación, es redescubierto por el espectador conservando la impronta de objeto oculto, desconocido, que tras una elaboración permite el pasaje de la vivencia de lo siniestro a lo maravilloso, como plantea Pichón Riviére, base de la experiencia estética. En ésta el observador participa de la reconstrucción y el reconocimiento de lo oculto revelado en la obra.

El proceso creador implica un cuestionamiento del orden instituido desafiando convenciones. Generando una ruptura del orden de la vida cotidiana opera una desestructuración de lo previo y construye una síntesis inédita que hace emerger lo nuevo en una relación contradictoria, de continuidad y discontinuidad entre lo previo y lo por venir.

No se crea a partir de la nada; lo instituido configura el terreno, punto de partida a partir del cual el pensamiento creador, divergente, transgrede –*va mas allá*– en una síntesis que contiene aspectos de lo previo en lo nuevo, presentándose así en su aspecto instituyente.

El autor, entendido como sujeto social, es un sujeto colectivo e histórico cuyos esquemas de percepción, pensamiento, acción y tendencias afectivas se configuran en una relación abierta con su contexto sociocultural. Al mismo tiempo el proceso creador implica un cuestionamiento de lo dado y el sujeto creador ineludiblemente deberá situarse en este lugar trasgresor que le permita ir más allá en un gesto de autonomía.

Desde esta perspectiva el autor construye un sistema de referencias estéticas sostenidas en su grupo de pertenencia, las cuales al mismo tiempo que forman parte de cadenas significantes compartidas son sometidas a transformación implicando un proceso de desestructuración y reestructuración provocando movilización como antesala del cambio.

La actividad estética, entendida como la creación de formas particulares de significación no construye formas cerradas y permanentes, sino que es activada en un flujo continuo en el que el sujeto se representa a sí mismo, a su época y a su cultura a través de su obra.

La experiencia estética desafía nuestros habituales esquemas de percepción movilizando nuestro eje de referencias y reacomodando nuestra sensibilidad. Nuestros esquemas de percepción determinan las formas de interpretarnos a nosotros mismos y al mundo. Los esquemas de percepción cotidiana responden a una política y a un régimen de lo sensible.

De este modo la presente propuesta de someter a reflexión temas como el proceso creador y la dimensión lúdica en el arte implica pensar la subjetividad, el poder, la relación con el límite, el caos y el vacío así como ubicar al ser humano en la dialéctica de ser producido y productor de realidad, capaz de desafiar y establecer nuevas relaciones al ser provocador de la emergencia de nuevas significaciones.

Sujeto creador y dimensión lúdica

Juego y creatividad se encuentran emparentados por nexos muy profundos.

Jugar nos hace ser creadores de un orden diferente al cotidiano, al instalado como "único real". Crear, a su vez, nos exige que penetremos en el campo lúdico, ficcional por excelencia, para ejercer el poder demiúrgico de transformar la realidad.

Es necesario trascender la realidad para entrar en el orden lúdico. "Entrar en juego" implica salirse del lugar cotidiano abandonando sus respuestas y definiciones que por habituales se yerguen como únicas verdades y estrechan nuestro campo de percepción de la realidad. Nos propone una relación abierta con el mundo, libre de prejuicios y estereotipos y creadora de nuevos sentidos capaces de coexistir aunque parezcan opuestos.

La puerta que abre el juego creador nos introduce en un espacio que deja atrás la lógica de las exclusiones binarias habilitando lo múltiple, la paradoja, la discontinuidad; poniendo en escena una lógica poética. Deja atrás el tiempo en un sentido cronológico y nos ubica en una temporalidad abierta, que admite la pausa y la demora; que no se posee, sino que se vive.

En el espacio lúdico, como en el proceso creador, los objetos se presentan desde su apariencia. Vaciados de los fines utilitarios que portan en la dimensión cotidiana se exponen a la mirada del jugador-creador desde la pura presencia de su volumen, forma, color, textura, olor, tamaño, peso, sonido, posibilidades de movimiento. Así, desde un primer despojo, se exhiben habilitados para la transformación.

La práctica lúdica permite diferenciar lo real de lo imaginario y en esta diferenciación se sitúa el *desarrollo de lo simbólico*. La capacidad de jugar con libertad depende en modo directo de la capacidad de simbolización. Si esta se encuentra afectada puede conducir a la inhibición o a confundir el juego o el objeto del juego con la realidad, sin posibilidad de representación.

El juego entrama funciones de asociación, representación, simbolización, expresión, cognición e imaginación que confluyen en la configuración de una estructura de sentido, confiriéndole así un valor simbólico, propio de lo humano.

Sin una intención comunicativa directa, sin embargo, comunica, al poner en escena un contenido para a un observador real o imaginario.

Pero el juego, emparentado con la participación propia del ritual y la fiesta no admite lugar diferenciado para jugadores y observadores externos –fuera del juego–, desafectados. Por el contrario exige para su captación una entrada, un acto compartido a partir del encuentro, la participación, la resonancia y la empatía para que, desde adentro del juego, el símbolo se revele ante una mirada susceptible de seguir el desarrollo lúdico.

Jugar es una de las formas de revelar una dimensión que existe tras las apariencias ya constituidas, *cerradas*. Colocándonos en cada oportunidad en un aquí y ahora, descubre una realidad inagotable que presenta distintas formas de ser jugada.

Mientras lo cotidiano adormece o sobre estimula insensibilizándonos de un modo o de otro, la actitud lúdica y creativa abre los sentidos, despierta imágenes ocultas, habilita símbolos, transforma objetos y materiales, produciendo placer al liberar esquemas fijos y preconstituidos.

La actitud lúdica ligada al acto creador dota a lo humano del poder de transformar la realidad en un continuo dialéctico entre transformación de mundo y de sujeto. Cada uno de nosotros es un creador de mundos…

Jugar y crear exige el coraje de tolerar paradojas e incertidumbres

Occidente ordena el mundo a partir de la regulación del *logos*, sustentado en lo racional. Según los principios lógicos, lo *real* queda definido a partir del principio de no contradicción; una cosa no puede ser y no ser algo al mismo tiempo.

Occidente rechaza la paradoja. La *paradoja* se presenta como una figura del pensamiento que encierra una contradicción lógica. Al mismo tiempo estimula la reflexión revelándonos la complejidad de la realidad.

La paradoja irrumpe desestabilizando el orden lógico, se presenta como una dificultad u obstáculo de la razón, y pone en escena la impotencia del pensamiento, mostrándonos su frontera, su límite. Se presenta como un "extraño" que impugna la racionalidad absoluta requiriendo mucho mas del sujeto que su intelecto. Nos ubica en una dimensión de la experiencia que abre los horizontes de lo aleatorio, donde la contradicción oculta, al ojo racional, lo que solo se revela ante un pensamiento divergente y lúcido.

Trascender el borde de lo real amparado en la lógica ordenadora del mundo, implica un riesgo, un desafío, un soltar las redes segurizantes que la razón promete. Convertir el riesgo y la amenaza en una *aventura* depende en mucho de la capacidad de tolerar la *incertidumbre*. El beneficio de correr tales riesgos es hallar un lugar donde exponer, apreciar y valorizar lo diferente y lo indeterminado.

Vacío, Caos, Cosmos

En su posibilidad de romper o diluir un orden establecido que nos permite circular por nuestras vidas diarias sin mayores inconvenientes dotándonos del tan apreciado sentido pragmático, el juego nos abre el campo de lo que parecería "imposible".

En relación al proceso creador esta instancia nos impone tolerar el vacío que queda ante nuestros ojos y conmueve nuestra alma. Allí donde había una forma definida, un sentido, una explicación o una respuesta, no queda nada. Lo seguro se retira, dejando espacio para "lo nuevo".

Tolerar el *vacío*, requiere de ubicarse en el *aquí y ahora*; un presente inmediato entre lo que ya pasó y lo por llegar. Solo en ese espacio vacío, *inaugural*, es posible jugar y crear.

El proceso creador implica resignificación, lo cual exige vaciamiento. Vacío es lo que queda luego de la ruptura de relaciones unívocas entre significado y significante, o entre el objeto y su función habitual, produciendo desequilibrio y confusión, como requisito para el acceso de nuevos significados. Este momento puede generar angustia ya que remite a la experiencia del *caos*.

La angustia ante lo informe

Tendemos a dar un orden al mundo. Este orden nos permite ejercer un control sobre él y, por ende, sobre la realidad. Entregarnos al caos es entregarnos a algo que no podemos controlar. Esto puede despertar angustia.

El proceso creador también implica para algunos autores como Winnicott (1982), un retorno a lo *informe*. Un modo de regreso a aquellas instancias primarias donde la experiencia de un Yo integrado aún no se ha consumado y el individuo aún no diferenciado de su entorno se encuentra inmerso en una experiencia múltiple y fragmentada. Estas primeras experiencias son sensoriales y motrices, ligadas a la emoción y son vividas en la dispersión, sin relación vinculante entre sí. Esta no-integración primaria antecede en el desarrollo normal del individuo al establecimiento de un Yo unificado, y el sujeto adulto regresa transitoriamente a estas instancias, durante el sueño y el acto creativo. Winnicott, asocia la creatividad a la capacidad de ponerse en contacto con este Yo primitivo y tolerar la desintegración y la fragmentación temporaria, previa a toda nueva estructuración.

Es desde este lugar desde donde suelen surgir las experiencias mas intensas presentes en el arte y que conmueven tanto al autor como al espectador, provocando y convocando el temor a lo informe. Palabras, ideas, gestos, movimientos, emociones, sensaciones, imágenes, se presentan como una secuencia sin vínculos aparentes y es tarea del autor y del espectador tolerar esta presencia antes de que accedan a una nueva unidad de sentido.

Así, la identidad resulta en cierto modo amenazada al ponerse en riesgo el orden de un universo de representaciones ya constituidas; universo significante sobre el cual el sujeto se ha construido. Al abrir las puertas de caminos no transitados irrumpe lo desconocido, lo informe, la ambigüedad y amenaza el sin-sentido.

Con el abandono de respuestas preconcebidas y el interrogante como única guía, el proceso creador implica la aventura de internarse en lo desconocido animándose a perder el rumbo. *"Ir hasta el fondo de lo desconocido para encontrar lo nuevo"*, tal como afirmaba Baudelaire. En el punto en que lo viejo ya no está y lo nuevo aún no llegó se requiere de la tolerancia a la incertidumbre ante la espera de la emergencia de lo nuevo.

La actitud creativa implica pensamiento divergente, superador de lógicas binarias y requiere la capacidad de demorarse y resistir a la tentación de la resolución inmediata o de dar respuestas que cierren lo abierto, que alivien lo inquietante capturando el evento en un significado.

De este modo, temor, confusión, ansiedad y conflicto no son ajenos al proceso creador que implica instauración de caos –en tanto abandono de certezas y estructuras previas, lugar abierto que diluye las barreras de lo imposible–, así como un cosmos, en tanto lugar de construcción de lo posible y de lo indeterminado.

"El hombre jugando reinstaura un caos para poder crear un cosmos", afirma Graciela Scheines[3]. Esta relación orden-caos-vacío-nuevo orden es clave en el proceso creador donde la relación con el límite –ley, regla o norma– será entendida no como aquello que impide sino como aquello que habilita, en un juego de tensiones, la producción de lo nuevo y la afirmación del sujeto constituido en *autor*. El límite en el proceso creador, como en el juego, da contención a un espacio lúdico y creativo, en calidad de productor que desafía la emergencia de nuevas resoluciones o alternativas.

Libertad y límite

La relación libertad y límite en el juego y la creatividad encierra en sí misma una paradoja. Por un lado propone el desafío a un orden establecido, pero por el otro no es posible jugar si no es dentro de determinadas reglas, que se caracterizan por la aceptación *voluntaria* de las mismas por parte de quién juega. Aun en los juegos espontáneos la materia impone su ley.

Así mismo, *"salirse del juego* –como dice G. Scheines– *es romper sus propias reglas; distraerse o hacer trampa viola el pacto lúdico volviéndonos a la realidad"*. Existe entonces un *orden lúdico* y es el desafío paradojal de moverse dentro de sus pautas lo que permite acceder a la libertad de jugar.

Será un buen bailarín clásico, aquel que aun dentro del límite del código prefijado, logre alcanzar libertad al danzar. Será buen malabarista quien sobre el límite concreto que impone la ley de gravedad, cree

---

3   SCHEINES, G. (1980) *Los juegos de la vida cotidiana*. Bs. As.: Eudeba.

resoluciones y variaciones de movimientos que parecían imposibles o eran desconocidas.

La actitud requerida entonces es de *adaptación activa*, tal como la planteara E. Pichón Riviere. Mientras una adaptación pasiva a aquello que se nos opone, somete y aliena, la adaptación activa resignifica, transforma los dilemas en problemas y convierte obstáculos en situación de aprendizaje, dando lugar a la emergencia de lo nuevo.

De este modo se rompe el círculo cerrado de reproducción y el sujeto no solo es producido por su contexto sino que es productor de realidad.

Crear implica dar origen a algo nuevo y en su relación con lo instituido, el pensamiento creador es divergente y por lo tanto instituyente. Se construye en un juego de tensiones de poder en un flujo donde asocia, integra, revela nuevos nexos, al tiempo que desestructura formas previas dando lugar a nuevas configuraciones en un doble movimiento de desestructuración y reestructuración. *"Jugar* –nos dice G. Scheines– *es fundar un orden o legitimarlo".*

Espacio lúdico, espacio ficcional

Fictio-onis deriva de *fingere* en latín, que significa fingir, mentir, engañar, pero así mismo también significa modelar, componer. Así lo explica Enrique Anderson Imbert en su libro *Teoría y Práctica del cuento* al iniciar el capítulo "La ficción literaria".

Tanto actuar como jugar tienen un terreno en común donde hacer visible lo invisible: la ficción. El límite que separa lo ficcional de lo real es la clave para definir si nos encontramos "dentro" o "fuera del juego". Este límite nos empuja a simbolizar y al encuadrarnos nos permite "jugar" a la guerra, sin matar ni morir. Freud decía que lo opuesto al juego no es lo serio, sino lo real.

El reconocimiento de los límites precisos entre juego y realidad es lo que permite que en el campo lúdico no exista una determinada moral, como un modo de restricción, abriendo de este modo un espacio para la elaboración de nuestros deseos inconscientes. Mantenernos en el terreno de la ficción nos permite jugar con las distintas intensidades de las tensiones centrales de lo propiamente humano: amor-odio, vida-muerte, encuentro-pérdida, construcción-destrucción, protegiendo nuestra integridad.

Gastón Bachelard habla de una "función de lo irreal", propia del ser humano, que nos permite explorar nuestras zonas desconocidas que son rescatadas en el hecho creativo.

Jugando podemos atravesar el cielo y el infierno de las pasiones humanas, hacer presente nuestros fantasmas dejándolos "actuar" en un espacio que los admite, reduciendo la amenaza de destrucción que esto implicaría si lo llevásemos al plano de la realidad. De hecho la energía contenida en estas pasiones se ve liberada al darle a nuestros "monstruos, brujas y demonios" un lugar lícito donde mostrarse como reverso de "doncellas, hadas y ángeles".

El juego, presente en la fiesta popular (carnavales, fiestas de estaciones, entre otras), actúa en este sentido en el seno de la colectividad. Jugando a ser otro, mostrando lo habitualmente oculto, mezclando lo separado, la cultura popular unifica la carcajada del humor con la del sarcasmo crítico y expía, de este modo, culpas, penas, males y temores.

El acto creativo, como gesto lúdico, requiere de la entrada en un espacio no cotidiano que como instancia de lo posible, habilite a pensar lo no pensado, otorgando libertad y espontaneidad creadora, donde el sujeto construye nuevos modos de relación consigo mismo y con el mundo, y en dicho tránsito construye realidad y conocimiento.

El pensamiento creador es múltiple y divergente, y en su movimiento supera la lógica de opuestos excluyentes. El mundo imaginario se presenta como escenario donde se gestan nuevas formas, nuevos actos y al mismo tiempo es un lugar donde cambia de sentido el mundo, revelando otras posibilidades, dando a luz nuevas significaciones.

Espontaneidad e improvisación

El juego y la creatividad implican de diversos modos a la *espontaneidad*. Según nos dice J. L. Moreno[4] la etimología de la palabra sería *sua sponte*, que remitiría a un *desde adentro* e implicaría desde su teoría, poner en práctica una *filosofía del momento*.

El gesto espontáneo –como acto, pensamiento o afecto– nos ubica en una dimensión del tiempo ligada al "instante". Un *aquí y ahora* en el que la vida *acontece*.

Lo espontáneo se teje en el seno de una *síntesis* de experiencias del sujeto que involucran lo afectivo, lo sensorio motriz, lo cognitivo, lo social, asomándose desde las orillas de lo conocido –ubicado entre el olvido y la memoria– a las aguas de lo desconocido que emerge en la infinitud del *instante*.

---

4 MORENO, J.L., creador de Psicodrama.

Ni aún las "reglas" del juego logran eliminar la necesidad de lo espontáneo en el gesto lúdico que despliega resoluciones en lo *inmediato*. La espontaneidad se caracteriza por su fluidez siguiendo el estímulo del *momento*. Sin embargo, resulta importante hacer notar que no debe confundirse este concepto con el de "impulsividad" donde se trata de respuestas ligadas a los automatismos.

J. L. Moreno, remite la espontaneidad al momento mismo en que la criatura humana llega a un mundo desconocido que le plantea desafíos permanentemente, en los que se pone en juego su propia vida y a los que debe responder "sin modelos previos" y con rapidez. Según este autor, padre del Psicodrama, la espontaneidad *–factor e–* le permite a la criatura ir más allá de sí mismo –respondiendo a los estímulos que impactan su organismo–, *modificando por esta vía sus estructuras*, las cuales maduran en la interacción con el medio.

La espontaneidad es para Moreno *"la respuesta adecuada a una nueva situación o la nueva respuesta a una situación antigua"*. Esta capacidad permite exteriorizar, liberar y sensibilizar al sujeto y nos mantiene *abiertos* a la realidad que nos propone el medio natural, social, vincular, ligados al escenario íntimo subjetivo. En su filosofía de la espontaneidad Moreno apunta a encontrar las cosas en su punto de *status nascendi*, ese momento único e irrepetible donde algo *nace al morir y muere al nacer*.

Asimismo, la espontaneidad, es la actitud que nos permite desarrollar una nueva manera de hacer las cosas, de dar respuesta a un desafío, y nos conduce a superar los bloqueos, estereotipos, y esquemas cerrados del orden intelectual, perceptivo, motriz, emocional y cultural, como prerrequisito para un despliegue de la creatividad.

La estrategia metodológica y didáctica básica a través de la que se desarrolla la espontaneidad es la *improvisación*. Improvisar implica hacer algo de improviso, sin planificación previa; ubicados en el tiempo del instante, anulando la sucesión cronológica lineal, habitando el presente.

La improvisación es una herramienta vivencial que implica una exploración creativa de sí mismo y del mundo; libre de bloqueos, estereotipos, inhibiciones y automatismos. El cuerpo del bailarín se construye y reconstruye en cada aquí y ahora de la improvisación desplegando universos singulares en danzas de creación espontánea. La creación espontánea revela lo oculto tras las formas de la razón ordenadora, desplegándolo.

Existen diversos tipos de improvisación, que forman parte del proceso creador. Puede ser *exploratoria* y *libre*, o *guiada* con consignas; orientada a *observar*, o bien a *transformar* y hasta *estructurar*, con un objetivo específico y destinado a un desarrollo o elaboración, en función de procesos de creación.

La improvisación como camino para desplegar la espontaneidad nos ejercita en el ubicarnos en lo que está siendo, *ahora*, y en el *aquí*, donde nuestro cuerpo puede enraizarse. Un tiempo y un espacio donde se encuentra la única certeza posible. Lo *cierto* es lo que nos sucede en el instante presente. El futuro es pura especulación; lo pasado solo puede aspirar a actualizarse en el presente, siempre *re-creado*.

La *espontaneidad*, en cambio, nos sitúa en el ojo del acontecer y se liga al despliegue de lo inconsciente, por no planificado, ni intelectualizado, ni anticipado por el sistema consciente. De este modo la *creación artística* se puede desplegar como tal, liberada de todo condicionamiento a normas y esquemas preexistentes.

La espontaneidad nos permite danzar la vida imaginaria. Por su parte, la improvisación es una puesta en acto constructivo y significativo espontáneo.

Objeto lúdico

El mundo en el que nos movemos en la dimensión cotidiana responde a un orden cuyo valor máximo es la razón utilitaria. Sobre esta base se definen conductas ordenando las relaciones conforme a un orden convencional.

La internalización de esquemas de pensamiento, acción, sentimiento y significación nos permite transitar por nuestra cotidianeidad y apuntar al cumplimiento de objetivos en términos de eficacia.

Así es como adquirimos hábitos referidos a nuestro propio cuerpo, a su relación con otros seres y con los objetos del mundo en el que estamos inmersos.

Utilizamos herramientas y objetos sin detenernos demasiado en ellos; nos comunicamos con otros evitando polisemias poéticas y llegamos a tiempo a donde debemos ir.

De este modo lo variable se aquieta y la ilusión de certidumbre gana espacio como terreno seguro para que podamos alcanzar metas con eficacia... Este orden, es el terreno necesario –pero no imprescindible– para vivir cotidianamente.

Pero, como decíamos en párrafos anteriores, la actitud creativa nos remite al orden lúdico y este, como punto de partida, requiere una salida del orden cotidiano. Con la entrada en el espacio lúdico y, en la aventura de *perder rumbo*, devienen nuevos sentidos, nuevas significaciones, nuevas estructuras, nuevas relaciones, movimientos y comportamientos, surgidos de las entrañas de otro orden: el orden lúdico.

El pasaje inevitable de un orden a otro incluye la experiencia del caos creador. Este proceso de desestructuración generador del vacío lúdico-creativo es un punto de partida del proceso creador en arte, aplicable a objetos, comportamientos, gestos, movimientos, que involucran al cuerpo de manera directa.

Para que el objeto se "presente en su pura apariencia" el cuerpo desestructura sus patrones de percepción-acción cotidianos o habituales de relación con él y surge de aquí una *apertura del objeto* capaz de desplegar nuevas imágenes, nuevos significados, nuevos usos en una relación de transformación dialéctica de cuerpo-objeto-mundo.

En sus características principales el objeto lúdico se presenta vaciado de su función utilitaria y en tal sentido podemos decir que queda "abierto" a otras significaciones, a nuevos usos.

El objeto que se exhibe como "inútil" queda expuesto en su pura apariencia: volumen, forma, tamaño, color, textura, temperatura, posibilidades de movimiento, etc.

La mirada lúdica despoja al objeto de sus rasgos meramente utilitarios y lo somete a transformación insertándolo en un espacio lúdico-ficcional. El objeto así *abierto* se presenta habilitado para su transformación y deviene en juguete.

En el vínculo abierto sujeto objeto-lúdico ambos se ligan y pierden su univocidad desplegándose múltiples. *"El que juega se une a su juguete* –nos dice Graciela Scheines–, *se convierte en un apéndice, en una prolongación de la cosa que manipula jugando".*

Sujeto y objeto se despegan de conductas y usos habituales, revelando lo otro posible, oculto tras las apariencias cerradas ligadas al orden cotidiano, convencional, utilitario, moral o pragmático.

El objeto lúdico mueve al jugador. Despliega una vida propia surgida del *encuentro* sujeto-objeto. A veces se presenta dócil y otras se opone a las intenciones unilaterales de quien juega. De este modo podemos afirmar que el *encuentro lúdico* es dialéctico por excelencia, deviene en un juego de tensiones entre acuerdos y oposiciones.

El objeto lúdico desafía a resoluciones tanto como a la admisión de la frustración y el límite. En lo que permite y no permite confronta, admite, rechaza, desafía a la emergencia de nuevos movimientos, nuevos sostenes, nuevas estructuraciones. La mirada lúdica –despierta, erótica y vacía de intenciones previas– interna al jugador en una búsqueda "errática" –como diría Scheines– ante la cual *"las cosas revelan sus ritmos secretos, sus leyes y cualidades insospechadas"*[5].

La vista capta solo unos pocos rasgos del objeto, pero la *mirada abierta* habilita la emergencia de un despliegue de sentidos en una trama donde la forma –color, textura, movimiento– se presenta como contenido y continente de sensaciones inaprensibles que constituyen al objeto en su presencia en un tiempo y espacio dado.

La insistencia lúdica no escatima energía, ni horas, ni pensamientos. Con la cualidad de "algo pendiente" seduce al jugador para atraparlo momentáneamente en un sueño lúcido que no elude la incertidumbre.

La *repetición* en el acto de jugar no se presenta entonces como reproducción sino como capricho apasionado, empecinamiento, aceptación gustosa del desafío, donde el esfuerzo no cansa y el tiempo no pasa en vano. La repetición así vivida otorga afianzamiento, toma de posesión genuina, ligada al principio de autoría y al placer de hacer y decir.

En el proceso creador la relación lúdica con el objeto es un camino para dar lugar a la aparición del objeto estético. La imagen y la cualidad estética, en el contexto del arte contemporáneo, surgen de inagotables movimientos de estructuración y desestructuración provocando un despliegue de energías que se autogeneran en una espiral sin fin.

Así el objeto estético emerge como una manifestación autónoma, instalando un sentido inédito, varios a la vez, o aun exponiendo la manifestación abierta de un sin sentido.

El objeto lúdico-estético provoca sensaciones, produce emociones que rebasan la memoria, celebra la inutilidad, escapa a los códigos y convoca al encuentro en lo que podríamos llamar una dimensión estética del objeto-lúdico.

Actuar en el mundo

En "El creador literario y el fantaseo" (1907) Freud distingue el jugar del fantasear indicando que en el juego las situaciones imaginadas se *apuntalan* en objetos palpables del mundo concreto.

Como acción que reúne principio de placer y principio de realidad, la creatividad implica siempre una resolución final –aunque abierta–, donde se confrontan deseo, fantasía e imaginación con el límite de la realidad, de modo que esta resulta transformada y el proyecto se convierte en realización.

---

5   SCHEINES G. (1998) *Juegos inocentes, juegos terribles.* Bs. As.: EUDEBA.

Esto implica asumir la aventura de ir rumbo al mundo de la imaginación y la fantasía de manera provisoria y retornar al mundo real reconociendo con claridad la diferencia entre ambos. El niño que juega, así como el artista que crea, construyen un mundo que saben que no es real. El sentido de realidad exterior constituirá una diferencia básica ente creatividad y delirio.

El artista se sumerge en su mundo imaginario, pero se afirma en la realidad en el proceso de creación artística. El "retorno" implica un doble trabajo que articula la creación del símbolo y los medios –que implican el sentido de realidad– a través de los cuales lo expresa. De esta manera un mundo que pertenece a la realidad psíquica se *realiza* en el mundo exterior; mundo de las formas, encarnando en la creación artística aquello que de otro modo sería inaprensible. El arte es en este sentido un acto humano *realizante*, creador de nuevos mundos.

El juego es un medio que permite explorar la realidad y adquirir dominio sobre ella gracias al reconocimiento que otorga de potenciales y límites, tanto del sujeto que juega como de los materiales y objetos con los que juega.

El acto creativo, ligado al principio lúdico que lo sostiene, se presenta entonces como una práctica que mediatiza la relación sujeto mundo, facilitando la apropiación del mismo en el marco de la acción concreta. Es entonces un espacio de desarrollo del pensamiento sostenido en un concepto de unidad del ser que integra cognición, percepción, afectividad, imaginación y acción, razón y deseo. Es por lo tanto un facilitador y promotor de nuevas estructuras de pensamiento, modos de simbolización y capacidades de abstracción; involucrando capacidades cognitivas, metacognitivas, perceptivas, sensitivas, afectivas, sociales que permiten la toma de posición del *Yo en el mundo*. Y en esta interacción, ambos se construyen.

El proceso creador permite "apropiarse" de la realidad al verse el sujeto implicado en su construcción y en su transformación permanente. Promotor de distintos modos de acercamiento al objeto, distintas perspectivas de un mismo hecho, interrogador de viejas certezas, revelador de supuestos implícitos, integrador de la diversidad; la actitud creativa convoca y provoca nuevas perspectivas de análisis y con ello da lugar a nuevas alternativas de intervención en la realidad. La creatividad como práctica contribuye a la construcción de sujetos reflexivos, partícipes y activos en la construcción de realidad que por medio de la "adaptación activa" articulan el ser sujetos producidos y productores de cultura. Experimentando otras relaciones entre ley y libertad, caos y cosmos, el vacío y lo nuevo. Articulando realidad y fantasía, libertad y límite; intelecto, sensorialidad y afectividad, proyecto y acción. Restituyendo el deseo y el placer en la búsqueda de conocimiento de sí mismo y del mundo.

Lo gratuito

Liberado el juego de las ataduras de las razones y deberes de la vida cotidiana, inmerso en un espacio que promueve libertad, su ley se sujeta al orden de lo gratuito. El juego es actividad gratuita por excelencia.

En tal sentido lo definen varios filósofos. Aristóteles, como una actividad que tiene como punto de mira solo el placer de la actividad misma. Kant mantiene el mismo enfoque al afirmar que el juego *"es una ocupación por sí misma placentera y que no tiene necesidad de otra finalidad"*.

Kant fue el primero en hacer un uso filosófico de este concepto relacionándolo con la actividad estética. Posteriormente se refirió al juego en su función biológica: *"sirve para tener despierta y para reforzar la energía vital en la carrera con las otras energías del mundo"*, concepto éste que se encuentra presente tanto en la Filosofía como en la Pedagogía del siglo XIX[6].

Se ha reconocido en el juego una función social y sobre las bases de todas estas "funciones" se han elaborado numerosas teorías sobre el juego, insertándolo como actividad "útil" en distintos campos, a riesgo de convertirlo en un instrumento valorado por sus resultados, contradiciendo de este modo un principio clave del juego. El juego en la educación para favorecer la adquisición de determinados conocimientos, el juego como paliativo de una vida exigida, el juego para entrenar *individuos* fuertes capaces de competir y vencer ambicionando el éxito, o el juego para entrenar empleados creativos, nos presentan un juego muy diferente del que definimos anteriormente. La "institucionalización" del juego lo aleja mucho de ser un fin en sí mismo y lo pone al servicio de los valores de un sistema económico, que lo reduce en términos de "éxito" o "fracaso", asimilándolo al "trabajo" en términos de productividad. *"El trabajo* –como afirma G. Scheines– *relacionado con la falta de algo; el juego, con el placer, como actividad desinteresada"*.

En una cultura donde el "ocio" es desvalorizado –tal vez por ser en verdad espacio de vacío, germen de creatividad, posibilidad de irrupción de un nuevo orden–, el juego, solo encuentra espacio para insertarse

---

6   ABBAGNANO, N. (1961) *Diccionario de Filosofía*. México: Fondo de Cultura Económica.

en la vida de las personas previa fagocitación del sistema, que lo transforma en una actividad útil, y entonces sí, preciable. Contraponerlo al "trabajo" como un complemento recreativo, administrándole horarios, días, lugares y modos específicos, también es una forma que tiene el orden hegemónico de despojar al juego de su sentido íntimo.

El juego en su esencia se relaciona con el arte, con la actividad creadora, con lo inútil, con la expresión, la ruptura, la fiesta y el ritual. Juego, como actividad que pone en contacto con lo velado, articulando lo individual con lo universal en su capacidad productora de mundo.

Dimensión lúdica en el arte

Desde su perspectiva, Gádamer, en *La actualidad de lo bello*, se refiere al juego humano y al elemento lúdico en el arte. En términos generales concibe al juego como *"una actividad que tiene como punto de mira solo el placer de la actividad misma"*[7]; es decir, como una actividad libre de toda finalidad.

"Belleza libre", nos dice Gádamer, sería belleza libre de significados y conceptos, libre de fines útiles. Y en tal sentido el arte sería tal en la medida que esté exento de toda finalidad útil ya que la obra posee en sí misma su propia significación. El arte sería, desde su perspectiva, crear algo ejemplar sin producirlo meramente por el ajuste a reglas preconcebidas.

Gádamer refiere al juego como parte de un impulso libre o *movimiento libre*, característica fundamental de lo viviente, que porta en sí la fuerza de lo vivo que pugna por alcanzar *representación* en el mundo; por tal razón el juego sería *"autorrepresentación de lo viviente"*.

Lo particular del juego humano, afirma, es que puede incluir en sí mismo la *razón* en el seno de una actividad que carece de fines. La razón, propia de lo humano, sería aquello que *"pone orden y reglas en la forma de un hacer vacío de finalidades externas"*. Así Gádamer sostiene que la *racionalidad libre de fines* es lo propio del juego humano.

Otro aspecto que desarrolla es la función de representación del juego afirmando que el juego es *"autorrepresentación del movimiento del juego"* y que el jugar implica siempre un "jugar con", donde el espectador participa interiormente del juego que observa, formando parte de él. En este sentido el juego humano completa su *dimensión comunicativa*, situando al espectador como un *co-jugador* y este sería un punto de reflexión

---

7 GADAMER, H. (1991) *La actualidad de lo bello*. Bs. As.: Piadós.

respecto del arte contemporáneo que gira en torno a desmontar la distancia que separa al espectador de la obra. La idea de un espectador implicado –propia de la hermenéutica de Gádamer–, a través de un acto de participación activa, conduce a la idea de que el espectador "completa" la obra. Así, la idea de *co-jugador* sería aplicable a la idea de un trabajo propio que el espectador realiza obteniéndose de ello una experiencia artística, estética, de la obra de arte.

La experiencia estética surge del encuentro directo del observador con la obra. Esta produce sensaciones, como un modo de dejar huellas en el sujeto que la percibe. El espectador debe asumir un trabajo hermenéutico desafiado por la trama que reúne estructuras significativas ambiguas y diversos estímulos.

La reflexión sobre la unidad de la obra plantea, para algunos artistas y teóricos contemporáneos, la problemática de la clausura de presentarse cerrada eliminando con esto el vacío necesario para ser completada por la mirada del observador.

Para Gádamer la identidad hermenéutica funda la unidad de la obra, afirmando que ésta deja al receptor un *espacio de juego* que tiene que completar. De este modo y a través de la participación activa el espectador debe construir activamente la obra en el acto de observarla.

Este trabajo propio del espectador, entendido como construcción, es para Gádamer un trabajo de reflexión que reside como desafío en la obra misma, ya se trate de arte clásico o de arte contemporáneo, de modo tal que *"no hay ninguna separación de principio entre la propia confirmación de la obra de arte y el que la experimenta"*[8].

Temporalidad lúdica

Como quedó expuesto al principio de este trabajo, la dimensión lúdica remite a otras temporalidades, superadoras de la linealidad cronológica. Gádamer en su reflexión sobre la experiencia estética refiere a dos modos fundamentales de experimentar el tiempo.

Por un lado, el tiempo cotidiano, de orden pragmático, dividido en función de actividades de la vida cotidiana. Tiempo que se mide por el reloj. Tiempo que se posee, tiempo para ser llenado donde el vacío conduce a la experiencia del aburrimiento. Tiempo mensurable, que por lo tanto pasa o ha pasado.

---

8   Obra citada.

Por otro lado, menciona la existencia de otro tiempo que no "debe ser llenado", sino que por el contrario es un tiempo propio. Tiempo de la experiencia, tiempo vivido en plenitud; tiempo que invita a la "demora". Tiempo de la celebración aplicable a la experiencia del arte, en tanto este tiempo es un *"tiempo de la vida vivida"*.

La experiencia del arte implica un aprender a demorarse, como un sumergirse en lo que la obra con su presencia nos propone, reclamando por lo tanto una actitud lúdica, desinteresada. Nos exige salir de la dimensión cotidiana, entregarnos a un juego abierto de la sensibilidad, abandonar la búsqueda y entregarnos a un encuentro que se renueva cada vez, lúdico y de recreación continua.

La emoción estética

La experiencia estética requiere de un trabajo psíquico y es este punto el que la diferencia del simple entretenimiento, o del espectáculo que busca producir distracción.

La obra de arte puede ser reconocida como tal mediante este trabajo que nos exige al contemplarla; convocando un desciframiento sensible y desinteresado de aquello que revela, produciendo en ese acto un placer que le es específico: el placer estético. En este punto, el arte se diferencia del juego del niño.

Existe en la experiencia estética un cierto placer por el "reconocimiento" de algo que a la vez que se revela a la percepción se oculta al entendimiento. La mirada activa "descubre" una forma significante, y la obra parece confirmarse como tal en este descubrimiento. Así, en el juego de trazos, colores, texturas, volumen, sonidos o movimientos e imágenes se configura la presencia nítida de un *sentido inédito* que conmueve al espectador por su solo hallazgo.

De esta manera vemos que el placer estético no se limita a una liberación placentera de una inhibición, sino que tiene alcances y cualidades que le son propios y lo diferencian.

La emoción estética se presenta en cada "aquí y ahora", genuino, desinteresado. Mientras que la obra o la performance pueden también producir otro tipo de emociones asociadas con objetos o situaciones precisas de nuestra vida personal, refiriendo al orden cotidiano, la emoción estética se produce, en cambio, ante un gesto simbolizante que supere la individualidad y reúna lo singular con lo común del nosotros en un gesto que evoque el encuentro de lo diverso.

Las emociones asociadas a nuestra experiencia individual tendrían el rasgo de una emoción relacionada al recuerdo y al *símbolo consciente*. Así, por ejemplo, la imagen nos emociona porque nos recuerda que estuvimos allí con alguien que ya no está con nosotros. Esta emoción no hace a la obra, no penetra en la significación de la obra misma, sino que remite a la propia del individuo. Se encuentra limitada y cerrada en relación a una experiencia particular. Podríamos decir que es recordatoria de algo que no se ha olvidado.

Si bien este tipo de emociones se encuentran presentes en la contemplación de la obra, o el artista apela a ellas, la emoción estética se caracteriza para H. Segal –en su libro *Sueño, fantasma y arte*– por no quedar ligada solamente a esta instancia, sino que avanza hacia un orden universal, evocando y convocando a aquello que subyace a las emociones particulares. Se produce ante un *simbolismo inconsciente* que la obra encarna, evocando en el receptor una emoción antigua, del orden preverbal, que tendría como tal, carácter universal.

Podríamos decir que la percepción y la emoción estética se construyen sobre las huellas de lo vivido que no es posible recordar y sería en el orden de la realidad psíquica donde la obra provoca el sentimiento de "verdad", superando el carácter autorreferencial y egocéntrico, tanto del espectador como del autor.

Percepción abierta

Entendemos por *percepción* a una imagen sensorial de los objetos y fenómenos de la realidad que nos permiten obtener una representación interna, tanto de nosotros mismos como del mundo.

El orden racional del mundo estructura la percepción conforme a un pragmatismo utilitario. El proceso se realiza recortando y dejando fuera la mayor parte de la experiencia sensorial que obstaculiza el alcance de objetivos de esta razón utilitaria. Los procesos de selección de estímulos, organización y estructuración de sentido de los mismos, presentes en la *percepción* del objeto, son orientados por la inmersión del sujeto en un campo social y simbólico y adquirido por éste a través de los usos y costumbres de su medio sociocultural que transmite modelos sensoriales y formas de significación e interpretación de la experiencia. Así se configuran patrones, esquemas de percepción, sentimiento y acción entramados a convenciones de significación.

El arte a través de la experiencia estética interviene sobre nuestra percepción desafiándola a una construcción que responde a un orden diferente del cotidiano. La desestabiliza y al hacerlo nos hace perder nuestro eje de referencias obligándonos a reacomodarnos a un orden diferente. Esto no es un hecho ingenuo ya que la percepción determina nuestras formas de interpretarnos a nosotros mismos y al mundo.

En la vida cotidiana existe un régimen y una política de lo sensible que se inscriben en el cuerpo y se apuntalan en esquemas de percepción, pensamiento y acción a los que internalizamos a través de hábitos, a través de los usos y costumbres o prácticas de la cultura y que el arte desafía poniendo en cuestión un orden naturalizado.

Nuevamente, el arte, en su propuesta lúdica y estética desafía nuestros esquemas habituales de percepción. Requiere del autor como del espectador la puesta en marcha de otras formas de percepción. Percepción abierta, que nos permita una *"apropiación estética el mundo"*. Una forma de relación con el mundo que admite la desestructuración, la paradoja, lo incompleto, fragmentado, lo múltiple y aun el sin-sentido.

Así como Gádamer nos dice que la captación de la obra de arte nos reclama un "demorarnos" en ella recuperando un tiempo de la experiencia vivida en plenitud, saliendo del tiempo y orden pragmático del mundo; la percepción estética requiere de una actitud diferente a la pragmática que configurará una forma de apropiación del mundo también diferente.

Un salirse del orden cotidiano, de los esquemas cotidianos que orientan tanto la selección como la estructuración e interpretación de los datos del sensorio; produciendo una *presencia* diferente.

Podemos pensar que esta forma de percepción "abierta" reclama una actitud lúdica y ubicarnos desde esta perspectiva para reflexionar tanto sobre la relación del espectador con la obra como del artista con los materiales y objetos con los que trabaja en el devenir del proceso creador.

El trabajo de creación artística

El trabajo creador del artista no reproduce la realidad, la reinventa. La desmonta, la fragmenta, la revela, la enfatiza o desdibuja; presenta nuevos nexos, nuevas estructuraciones y representaciones y al hacerlo pone ante nosotros lo que fue víctima del olvido o la distracción.

Si tomamos en cuenta el aporte del psicoanálisis en la consideración del sujeto ligado a su historia y estructurado desde el inconsciente podemos decir que el artista pone en escena un mundo *perdido* al que se empeña en reparar y restituir. Su buceo en la profundidad de su interioridad, el contacto con contenidos ocultos a la conciencia y su retorno a la superficie configurando un gesto expresivo espontáneo, o productor de sentido, provoca en el espectador un recorrido similar, exigiéndole el mismo tipo de trabajo.

Desde esta perspectiva, en su autonomía, el artista crea un mundo que pese a su carácter de inédito tiene las huellas de un mundo que todos hemos conocido. Sin embargo, este mundo debe ser descifrado; nuevamente hallado, redescubierto por el *observador partícipe*. El trabajo creador del artista, a diferencia del juego del niño, suele estar cargado de angustia ante la destrucción del mundo previo que debe accionar como punto de partida. El tema de la creación implica el destruir como antesala del crear. El punto de partida de una obra implica un gesto de agresión sobre un todo que le antecede y que se presenta como completo y perfecto.

El primer golpe en la piedra, la primera pincelada sobre la tela en blanco, el primer sonido que rompe un silencio impecable, la primera palabra sobre la hoja vacía o el primer movimiento que rompe la quietud, abren las puertas a un juego de tensiones que debe ser sostenido, y tolerado, resignando el anhelo de una consumación inmediata y final.

Es esta tensión inaugural, que subyace al proceso creativo y que la escenificación presentifica, junto con la imposibilidad de retorno a la quietud del vacío, lo que hace de la obra un objeto que nunca se completa. El observador debe completarla internamente.

Así, tanto el impulso creador como la experiencia estética quedan signados por una pérdida inaugural que coloca a ambos –artista y espectador– en la tarea de restituir unidad, sabiéndola de antemano siempre provisoria.

Imaginación, fantasía y ensueño

En la reflexión sobre la creación artística suele plantearse el vínculo que tienen la fantasía e imaginación con la ensoñación diurna, la actividad onírica y el juego. A partir de los trabajos de Freud, interesado por saber de dónde extrae su material el artista, mucho se ha escrito y dicho sobre el parentesco del fantaseo en el juego del niño y la actividad del poeta.

Es importante diferenciar algunos aspectos del ensueño diurno de la imaginación creadora. Para H. Segal[9] la ensoñación ignora la realidad. A diferencia de la imaginación creadora que se somete al principio de

---

9   SEGAL, H. (1995) *Sueño, fantasma y arte*. Bs. As.: Nueva Visión.

realidad, la ensoñación es marcadamente egocéntrica, actuando como una realización omnipotente de deseos que ignora la realidad y tiende a la repetición y a la superficialidad.

La imaginación en cambio, implica un cierto grado de abandono de la omnipotencia y carácter egocéntrico y reconoce en su faz creativa una realidad exterior; es decir, incluye la percepción de una realidad diferenciada, que a veces se le opone, se resiste a la concreción inmediata del deseo y lo frustra. En alguna medida se ve obligada a reconocer la demora y tolerar la espera.

La gran diferencia entre ensoñación e imaginación radica en que la primera ignora la realidad y la segunda la reconoce para transgredirla.

Superar un límite, transponerlo, no es lo mismo que ignorarlo. El ir mas allá implica el reconocimiento previo de un límite el cual de algún modo se ubica como punto de partida.

Así, el proceso creador exige la representación interna de una ley para luego superarla; instancia donde el sujeto emerge creador y autor.

La diferencia entre la fantasía presente en la ensoñación y la fantasía en la imaginación creadora tiene que ver, para H. Segal, con la capacidad de *enraizar* un mundo de verdades internas en un mundo de verdades externas. Es decir, incluye el trabajo de generar estrategias de intervención sobre la realidad como premisa para poder transformarla. Incluye de este modo la acción sobre el mundo y el reconocimiento de sus principios. Toda creación surge de una transacción exitosa entre principio de placer y principio de realidad.

La imaginación creadora implica la puesta a prueba de lo imaginado en la acción. En el quehacer artístico comprende el dominio del material y el trabajo de construir nuevos medios simbólicos para llegar a otros.

El universo imaginario que el arte revela y oculta a la vez, halla en la realidad inmediata de la obra, es decir su base material, un soporte real que introduce un irreal en el campo de lo perceptible. Así, la fantasía queda ubicada en un intermedio entre el mundo físico, sensible y simbólico.

La imaginación se encuentra presente, tanto en el juego como en el arte, y en ambos la ensoñación se convierte en imaginación creadora al tomar en cuenta los materiales con que se juega o crea, implicando un aprendizaje y dominio sobre la realidad.

Por su parte Bachelard (epistemólogo, pedagogo, poeta y filósofo), desde un enfoque diferente al planteado por el psicoanálisis, rescata la ensoñación pero sostiene la diferenciación entre la evasión de la realidad o la trascendencia de la misma.

En *La poética de la ensoñación*[10], remite a la idea de que la ensoñación del niño no es simplemente de huida, sino de expansión. Oponiendo la "función de lo real" –que según nos dice nos *"arroja a la inhumanidad del mundo"*– a la "función de lo irreal", afirma que *"gracias a la imaginación y a la función de lo irreal, entramos en el mundo de la confianza, en el mundo del ser confiante, en el mundo mismo de la ensoñación"*.

La imaginación poética desordena el orden dado, a la vez que funda su propio orden. *"La imaginación se sitúa –*afirma Bachelard*– en el margen donde precisamente la función de lo irreal viene a seducir o a inquietar –siempre a despertar– al ser dormido en sus automatismos"*[11].

Otro rasgo de la imaginación creadora es que no se limita a una simple reproducción de lo percibido. Las imágenes producidas por la fantasía en la actividad creadora son generadoras de lo nuevo, superadoras de las imágenes del mundo real. La imaginación estética se impone por su capacidad productora y su gesto libre.

Tal como lo afirma Bachelard en *El agua y los sueños*[12] *"la imaginación no es, como lo sugiere la etimología, la facultad de formar imágenes de la realidad; es la facultad de formar imágenes que sobrepasan la realidad, que cantan la realidad"*.

Para Bachelard el vocablo fundamental que corresponde a "imaginación" no es "imagen" sino "imaginario"[13]. *"El valor de una imagen* –afirma– *se mide en la extensión de su aureola imaginaria; la imaginación es esencialmente abierta, evasiva. Es dentro del psiquismo humano la experiencia misma de la novedad"*.

En Castoriadis podemos encontrar una manera semejante de concebir la imaginación. La "Imaginación radical", como él la llama, es el rasgo central de la psiquis humana y se encuentra ligada a la fantasía, la representación y el afecto. Se caracteriza por ser fuente de creación, generadora de lo nuevo, génesis de toda representación.

La imaginación así entendida es la capacidad de la psiquis de *crear un flujo constante de representaciones, deseos y afectos*[14]. Pensarla como

---

10   BACHELARD, G. (1978) *La poética de la ensoñación*. México: Fondo de Cultura Económica.
11   BACHELARD, G. (1983) *Poética del espacio*. México: Fondo de Cultura Económica.
12   BACHELARD, G. (1978) *El agua y los sueños*. México: Fondo de Cultura Económica.
13   A lo largo de este libro cada vez que nos referimos al lo imaginario no remitimos a los conceptos teóricos de Lacan, sino a la dimensión imaginaria.
14   YAGO, F. (2003) *Magma –Cornelius Castoriadis, psicoanálisis, filosofía, política*. Bs. As.: Biblos.

"radical" o fuente de toda creación, implica superar la noción de imaginación como referido a lo ficticio, engaño o huida.

La psiquis así entendida no es pasiva, ni meramente reproductiva. Decir que la psiquis es activa es decir que no incorpora pasivamente las significaciones, sino que es capaz de resignificarlas y con ello producir ruptura y transformación dando lugar a la emergencia de lo nuevo, libre de determinaciones. Es gracias a esta *poiesis* propia de la imaginación radical del ser humano, que la historia no es un mero suceder lineal de repetición y reproducción tal como propondría una concepción determinista. Muy por el contrario pensar que la psiquis humana es esencialmente creadora ubica al hombre como ser productor y transformador de mundo[15].

Para que esto suceda es necesario que el flujo de representaciones producidas por la imaginación que Castoriadis llama radical, se "fijen" y "estabilicen" en soportes materiales y en signos. Afirma, además, que lo imaginario es la capacidad de crear y transformar algo. De este modo la representación, para Castoriadis, no se reduce a la reproducción, ya que la psiquis es imaginación radical –entendida como creación de representaciones–, que apoyada en lo ya existente es productora de nuevas formas.

De esta manera, la noción de *imagen* es superadora de la reproducción estática y se presenta como carácter central y dinámico de la psiquis humana que permite la producción de lo nuevo.

El ser humano se revela y despliega como tal en el ejercicio de su capacidad de crear mundos, alrededor y dentro de él. La realidad es una construcción humana y el punto de partida para transformarla sería, entonces, tener el coraje de imaginarla de otro modo. Como dice Yago Franco *"lo nuevo puede advenir, no todo está dado, el cambio es posible, para lo cual es necesario instituir prácticas que lo favorezcan"*[16].

---

15 Castoriadis afirma que la psiquis tiene la capacidad de crear representaciones a partir de su imaginación radical que se expresará en lo colectivo como imaginario social instituyente. Esto remite a pensar la sociedad en su posibilidad creadora como instituyente de nuevas representaciones en un juego de tensiones entre lo instituido y lo instituyente, superando de este modo todo determinismo a la hora de pensar lo humano. Al hablar de la creatividad del imaginario social Castoriadis habla de la posibilidad de superación del pensamiento heredado y de toda postura determinista y expone un modo de entender el devenir de la historia con relación a los quiebres o rupturas que este imaginario produce en lo instituido.

16 YAGO, F., obra citada.

Arte y contexto contemporáneo

Pensar en el contexto contemporáneo implica situarse en un lugar de rupturas, fragmentaciones y configuraciones que se visibilizan como provisorias. Implica también pensar en términos de un movimiento que no se preocupa en ir hacia atrás y volver al presente retomando, resignificando y explotando las anteriores representaciones modernas centradas en criterios unificantes.

El contexto actual nos presenta como condición de vida –y por ende de la producción artística y su recepción– las caídas de los grandes sostenes de discursos totalizantes y prácticas homogeneizantes; abriendo un espacio donde lo diverso crece, se multiplica y coexiste.

La diversidad se ubica como el terreno donde devenir, emerger, o irrumpir en el *instante*. Y el tiempo se presenta como un aquí y ahora, único e irrepetible, que no promete más que el sabor vertiginoso de soltarse en el vacío en una búsqueda errante, erótica y lúdica.

Por su parte, la paradoja se sitúa como desafío exquisito para la escucha abierta, tanto del receptor como del autor o intérprete, a parir su emergencia. Ambos se conmueven al desafiar la lógica binaria, imperante y acuciante y asumen el riesgo de soltar en velocidad antiguos referentes ordenadores que otorgan fáciles interpretaciones.

El arte contemporáneo en su diversidad irruptiva nos ubica frente a lo extraño, portando los aromas de *algo*, sin embargo, conocido. Extrañeza y familiaridad se entrelazan confundiéndose y portando sus intensidades en desacuerdo, atravesando nuestro cuerpo de espectador con intensidades diversas, tocando memorias, despertando nuevos registros, configurando imágenes que nos involucran en nuevas prácticas artísticas.

Según nos dice P. Pavis[17], Lyotard nos habla de un "Teatro de las energías", y en el campo de la Danza podemos ver emerger algunas expresiones que dan cuenta de un interés por una Danza de las energías y el abandono de unas danzas de las formas.

El criterio de unidad –de obra, de composición, de género o estilo y de afectación– es rotundamente abandonado a favor de flujos múltiples que afectan tanto al cuerpo como a la reflexión.

Una experiencia que liga el ser y estar cenestésico y sensorial, con la reflexión y el pensamiento y nos abre a un placer o goce tanto estético como conceptual. Goce del cuerpo que saborea, goce del pensamiento que deletrea sabores, retomando aquellos tiempos de palabra

---

17 En su libro *Análisis de los espectáculos*. Barcelona: Paidós.

solo sonora, de inarticulación e in-significancia, inaugurando nuevas ligaduras de sentido. Abriendo otros horizontes, tanto para el *saber* que se reconstruye, como para el *sabor* que admite nuevas improntas, nuevos flujos, nuevos cortes, abriendo líneas de fuga que fisuran todo discurso y práctica homogeneizante y unificante.

Las distintas manifestaciones del arte contemporáneo nos muestran un lugar en expansión que se abre admitiendo la diferencia y legitimando todas las recreaciones y asimilaciones posibles. El sujeto del arte –para algunos autores pensado como condición antropológica– halla en la experiencia estética contemporánea un reflejo de sí mismo, una posibilidad de reapropiarse del sentido de su propia existencia en la que cuerpo y palabra se entraman en un texto propio, cada vez.

Conclusiones

Proponernos esta reflexión abierta del proceso creador en la producción artística ligado al elemento lúdico en el arte, nos ubica en un horizonte desde donde pensar al sujeto en la dialéctica de ser producido y productor de mundo.

Implica alzar la mirada mas allá de formas del pensamiento determinista y totalizador y desplegar y legitimar las tensiones existentes entre producción y reproducción. Propone el desafío de lógicas unívocas, del logos racional como modelo único, la supremacía de la racionalidad del lenguaje; contraría modelos hegemónicos y pone en escena la paradoja, lo diverso, lo plural, visibilizando las contrahegemonías que ponen en tensión el escenario contemporáneo.

El arte y la producción artística se presentan, ante esta mirada, como un terreno donde el ser humano pone en juego su capacidad de transformar la realidad, de producir realidad y crear mundos.

La imaginación estética revela su carácter lúdico-creativo al manifestarse libre, abierta y productiva, creando a partir de un mundo dado un mundo nuevo. Poniendo en escena aquello de lo que el lenguaje lógico racional no puede dar cuenta y convocándonos a superar el pensar discursivo, lineal y cerrado, habilitando la imagen, el espacio, el gesto, el movimiento, la energía, la temporalidad; revalorizando la experiencia vivida.

En tal sentido, podemos afirmar que un arte así pone en escena un orden oculto por la norma o prohibición sobre la que se sustenta un determinado orden y la garantía de su reproducción. Decimos que la obra pone en escena lo silenciado, revelando nuevos nexos y provocando la emergencia de nuevas significaciones y nuevos sentidos. O más aun, que la obra puede ser la exposición abierta y despojada de un sin-sentido.

El artista habla a través de su creación artística y esta se expone –como desocultamiento o anticipación– como la posibilidad de existencia de nuevas organizaciones y significaciones y, en tal caso, como testimonio de la capacidad humana de producir nuevos universos y de dar lugar al surgimiento de lo nuevo. Somos creadores de mundos.

2 // Movimiento

Introducción

Para hablar del movimiento nos introduciremos en una perspectiva que nos permite un análisis del mismo desde diversos puntos de vista: cultural, biológico, relacional, expresivo, pragmático, comunicacional, relacional.

Presentaremos en este capítulo, síntesis de materiales conceptuales que intentarán dar sustento a la idea de una *integración cuerpo, mente, emoción* sobre un concepto del ser humano como *ser bio-psico-sociocultural* e *histórico*, tomando como *eje referencial al movimiento*.

Se propone que estos materiales puntuales, además de brindar información, funcionen como disparador de reflexiones e interrogantes que permitan al docente, coreógrafo, performer, bailarín "volver sobre sí mismo", al decir de Jean Filloux, como un modo permanente de recrearse y recrear su práctica.

El propósito de este trabajo es abordar un enfoque que nos revele que el movimiento corporal es mucho más que un desplazamiento en el espacio matematizable, producto de un ajuste de coordinaciones musculares y palancas óseas.

Se presentarán materiales teóricos puntuales que permitan forjar la idea clara que nos da cuenta de una *integración* de diversos aspectos de la existencia del ser humano, presentes en el movimiento.

Junto con el aspecto motriz se juega al unísono la expresión de una subjetividad. Al tiempo que una acción es realizada, un mundo interno se pone de manifiesto y un universo afectivo da sentido a nuestros actos y al mundo.

La función kinética, como un aspecto de la actividad muscular, nos dará la oportunidad de *actuar en el mundo*, desplazándonos y ejerciendo modificaciones en él; manipulando los objetos como un acto de la voluntad.

Mientras, la función tónica, como un aspecto diferenciado pero simultáneo, nos permite ser en el mundo y sentir al mundo. Vibrar y resonar en él y con él creando una relación dialéctica en una dimensión corporal.

P. Schilder[1] nos dice que todo movimiento que ingresa en la conciencia modifica la Imagen Corporal y que, a su vez, toda modificación de la Imagen Corporal produce un cambio en la actitud psíquica. Podemos inferir, entonces, que todo movimiento produce cambios en la actitud psíquica.

La reflexión sobre el movimiento nos permite pensar acerca de los aprendizajes motores e interrogar las técnicas y su relación con la producción de subjetividad en los aprendizajes, en tanto y en cuanto no sería posible entrenar la actividad motriz sin influir en toda la personalidad. O sin que la subjetividad se exprese en el movimiento. Nos permitirá observar, también, cómo ciertos modos de entrenar el movimiento, conducen muchas veces al bloqueo –tónico, muscular, articular, sensible o emocional–, obstaculizando toda producción expresiva estética que utiliza al movimiento para decir poéticamente. De modo tal que hallaríamos una contradicción básica en los procedimientos de algunas técnicas que en lugar de abrir al sujeto al universo creativo y sensibilizarlo, obturan ese encuentro por no considerar al cuerpo como una unidad de la motricidad con la afectividad y el ser en movimiento.

Ignorar la integración psicomotriz y psicotónica en los entrenamientos motores para la Danza implica un detrimento de la materia expresiva, que es el cuerpo, en pos de una sobrevaloración de lo kinético y sus nuevos modos de virtuosismo dualista. Esta evidencia nos permitirá interrogarnos sobre cuál es el concepto de cuerpo sobre el que basamos nuestros entrenamientos y cómo influye en la construcción de la subjetividad del artista, así como pensar las diferentes maneras de construir Danza en el contexto contemporáneo, qué lugar ocupa el movimiento, centrándonos en aquellas orientaciones que utilizan técnicas sensoriales para la Danza, y reflexionar acerca de la relación del espectador con la obra.

Muchas búsquedas contemporáneas resignifican el lugar de lo kinestésico en la Danza dejando atrás la motricidad aplicada a las destrezas y el virtuosismo, y emprendiendo búsquedas que entienden al movimiento

---

1 En *Imagen y apariencia del cuerpo humano*. México: Paidós.

en su faz energética, tónica, gestual, expresiva de un ser que está siendo en ese momento.

También nos permite repensar las técnicas y sus caminos de entrenamiento. Muchas técnicas de Danza entrenan el movimiento, la flexibilidad, la velocidad, la dinámica, el eje, etc., a través de secuencias de movimiento fijadas en tiempo, forma y espacio, aprendidos por repetición y centrados en la imitación de un modelo dado que luego aplicarán para la construcción de su decir en la Danza. La Expresión Corporal, en cambio, centra su abordaje sensoperceptivo de los aprendizajes motores y expresivos en la exploración lúdica creativa del movimiento sensible consciente. Así, abordamos las cualidades psicomotrices básicas hasta llegar a su despliegue poético e imaginario. Así surge *en* el cuerpo el salto, el giro, la caída, el sostén, los juegos con la fuerza de gravedad, con la temporalidad; impregnados de un modo de ser y estar en el mundo.

Por otro lado, nos abrirá espacio para pensar al movimiento con la esfera de lo relacional, de *lo vincular*, involucrando en esta perspectiva a las relaciones humanas.

El movimiento en su naturaleza espontánea, así como la postura, la actitud, el gesto, el tono muscular, se presentan como un "modo de ser y estar en el mundo" que revela una disposición y una subjetividad en situación. A su vez, forman parte fundamental en las relaciones que establecemos con el medio, siendo el telón de fondo de toda *comunicación* o *encuentro*.

Relatos míticos

El movimiento ha servido en distintos momentos culturales para bucear en interrogantes tanto del orden del mundo físico como metafísico.

Presente en los ciclos vitales, dando cuenta del devenir del tiempo, podemos encontrar al movimiento como tema tanto en el discurso científico, como en el poético, en el filosófico como en el universo simbólico del mito.

Así es como en diversas culturas los mitos cosmogónicos que relatan el origen del cosmos, de la vida y del hombre, utilizan el movimiento para representar las escenas fundantes del origen.

El movimiento organizado en armonía y rítmo es la esencia de la Danza con que "Shiva crea el cosmos", nos dice Waldeen[2], y agrega ejemplos:

---

2   WALDEEN (1982) *La Danza –imagen de creación continua*. México: Universidad Nacional Autónoma de México.

- *"Para los chinos la armonía cósmica se origina en la Danza".*
- Según Luciano, poeta romano del siglo II, *"con la creación del universo nació también la Danza. La Danza circular de las estrellas, la constelación de los planetas con relación a los astros fijos, el bello orden y armonía de todos sus movimientos, son el espejo de la Danza original en el momento de su creación"*[3].

Filosofía occidental[4]

En la historia de la Filosofía griega, tanto en el período presocrático como a posteriori, pueden observarse dos grandes líneas de pensamiento: una en la que se busca una explicación del mundo en términos físicos, o *materiales*, especulando acerca de la *naturaleza* del universo y pretendiendo hallar un principio que diera unidad a la materia en un mundo diverso. Y la otra, que remarca la importancia de lo *inmaterial* o de las *ideas*, únicas, inmutables, eternas.

Con el tiempo la distinción entre materialismo e idealismo se fue haciendo más nítida. Alcanza su máxima sistematización con Platón en su "Teoría de las ideas" donde expone que los objetos del mundo material son solo copias del verdadero mundo de las *ideas*, mundo de formas eternas e inmutables. De esta manera en Platón, la *naturaleza*, *lo material*, queda relegado a un segundo plano y su énfasis está puesto en el mundo de las ideas al que solo se accede mediante la actividad del *pensamiento y la razón*, lo cual remite a la *dimensión mental*.

Por su parte Aristóteles propone que *materia y esencia conforman una unidad*. Los conceptos e ideas no tienen existencia fuera de los objetos que los representan; de esta manera concilia materia y forma, lo sensible y lo ideal.

Considera que en los seres vivos existe un *principio interno del movimiento* que procede de una cierta organización de la materia que permite que estos realicen diferentes funciones y actividades que ponen ante nosotros un ser *vivo*. Los seres naturales a diferencia de los artificiales tienen en sí mismos el origen de su propia actividad, transformaciones y movimientos.

En su definición de *Physis* como *"aquello que tiene en sí mismo un principio de movimiento"* Aristóteles distingue el mundo "natural" del creado por la mano del hombre –*tékhné*–.

---

3   WALDEEN, obra citada.
4   BLAUGERG y otros (1984) *Breve diccionario filosófico*. Bs. As.: Cartago.

El movimiento

Más allá de la diferencia de concepción del hombre y del mundo que presentan corrientes filosóficas materialistas e idealistas, también nos ofrecen perspectivas distintas desde donde considerar al movimiento.

Para los filósofos materialistas la materia es el principio único del mundo que genera todas las cosas y fenómenos concretos y no ha sido creada por nada ni por nadie.

Para los idealistas, en cambio, la materia es producto de la creación divina –dios, absoluto, razón universal– la cual otorgaba movimiento a la materia inmóvil como instancia de la creación.

Desde la perspectiva del materialismo la propiedad fundamental de la materia es el *movimiento*. Este está ligado indisolublemente a ella y abarca todos los procesos que tienen lugar en el universo, implicando la noción de *cambio*. Este último puede ser puramente exterior, es decir que no modifica la estructura del objeto, o bien puede implicar *desarrollo*, que produce la aparición de nexos y funciones nuevas, produciendo una organización más compleja, o bien más sencilla; esto es, produciendo una modificación sustancial del objeto. Ejemplo: el proceso de evolución de las especies.

La Filosofía de los siglos XVII y XVIII consideraba al movimiento como mecánico, como mera traslación de los cuerpos en el espacio.

El materialismo dialéctico, en cambio, sostiene la existencia de una variedad de formas de movimiento que vinculadas entre sí configuran una sucesión jerárquica. Movimiento que va desde las formas inferiores (mecánica) a formas más elevadas, llegando al orden social.

La fuente de todos los tipos de movimiento, para esta línea de pensamiento, será *la lucha interna de los contrarios,* propia de la interacción de los objetos. Por lo tanto, el movimiento no es insuflado desde una fuerza exterior o sobrenatural, sino que es *automovimiento*.

El movimiento aparece como unidad de contrarios cumpliendo las fases de inmovilidad –estabilidad– y cambio. La inmovilidad se manifiesta en forma de equilibrio, de relativa estabilidad y está implicado en los procesos de transformación.

Dentro del pensamiento occidental, movimiento y quietud se encuentran indisolublemente vinculados en una unidad, pero no poseen el mismo valor.

El movimiento es absoluto, en cambio la inmovilidad siempre es relativa. La quietud existe en relación a algunos objetos pero no en relación a toda la materia. Además la temporalidad de la inmovilidad es limitada, es solo uno de los momentos de la existencia de la materia, en cambio el movimiento es inseparable de la existencia de cierto cuerpo, entendido en su conjunto.

Automovimiento

La idea de automovimiento de la materia refiere a la existencia de una fuerza motriz interna en las cosas que produce modificación en ellas. Fue planteada por los filósofos materialistas, sosteniendo la idea de una unidad material del mundo, en oposición a la idea religiosa e idealista del principio espiritual de la creación del mundo material.

Sin embargo, dentro del pensamiento materialista el planteo estuvo sujeto durante cierto tiempo a una interpretación simplista y unilateral, donde el movimiento era considerado solo en su forma mecánica como una simple traslación de los cuerpos en el espacio.

El primero en analizar en profundidad y detalle el proceso de automovimiento como movimiento basado en fuentes internas fue Hegel. Como era idealista, atribuyó a la capacidad de automovimiento un primer impulso espiritual.

La Filosofía marxista desde el materialismo dialéctico será la corriente que, basándose en los avances de la ciencia, aporte una interpretación científica del automovimiento. Así demostraron que el movimiento es inherente a la materia; que ésta es interiormente activa, capaz de desarrollarse y modificarse. El movimiento de la materia es *automovimiento* ya que la fuente del movimiento se encuentra en las cosas mismas.

En todas las esferas de la realidad, desde las partículas más elementales a la formación de la sociedad humana, la fuente de movimiento es la *contradicción* que se engendra dentro de las cosas, nos dirán. Las condiciones externas de los objetos y fenómenos en desarrollo influyen en su modificación, pero las contradicciones internas son las determinantes.

Sobre la base de la ley de unidad del mundo material y lucha de contrarios puede comprenderse el movimiento y desarrollo de las cosas como autoconocimiento y autodesarrollo.

La fuerza motriz de todo desarrollo es el juego de tensiones de opuestos –contradicción– y su resolución, implicando el surgimiento de nuevas formas. Así se realiza el proceso infinito de desarrollo del mundo objetivo

Movimiento como pulsión vital

El movimiento se encuentra presente en la organización misma de toda materia viviente al punto tal que podemos afirmar que existe vida mientras hay movimiento y que el cese de todo movimiento indica la muerte del organismo viviente. Aun después de la muerte, el proceso de descomposición de la materia orgánica implica movimiento; vida en otros niveles[5].

El movimiento entraña cambio. La inmovilidad o equilibrio pueden ser entendidos como temporales; uno de los momentos de la existencia de la materia que por cierto resulta ser parcial y relativo. Como por ejemplo en el caso citado anteriormente: cuando un organismo muere, podemos decir que cesa el movimiento, indicador de vida de "ese" organismo, pero el movimiento continúa –inherente a todo cambio– en el proceso de descomposición propio de la materia orgánica.

Todo organismo viviente fluctúa entre dos polos de tensión de orden biológico: *necesidad*, que implica una ruptura momentánea de su equilibrio interno, y *satisfacción* de la misma, que restaura ese equilibrio. La ruptura del equilibrio constituirá un motor, impulso de la búsqueda de aquello que lo restaure a través de un *movimiento* dirigido al exterior.

Podemos entender a la pulsión como una fuerza inherente a las tensiones que provoca la necesidad del organismo. La pulsión se presenta como el representante psíquico de las fuerzas somáticas.

La pulsión desencadena una acción para obtener satisfacción. Así Freud refiere al carácter activo de toda pulsión diciéndonos que *"es la necesidad de la vida la que empuja al organismo a la acción específica que es la única capaz de resolver esta tensión"*. Y en "La pulsión y sus destinos" nos dice que *"por empuje de una pulsión entendemos su aspecto motor"*.

De esta manera podemos hablar, tal como lo hace A. Lapierre, de una pulsión del movimiento que es la base misma de la pulsión de vida.

Movimiento libre de finalidad

Lapierre también afirma que existe en el ser humano una necesidad de movimiento cuya realización procura placer por sí mismo más allá de cualquier otra finalidad. De modo tal, nos dice, que *"todo movimiento no estereotipado ni intelectualizado –es decir, espontáneo– y toda modulación tónica, que contiene el aspecto emocional del gesto, despierta sensaciones de*

---

5   Así lo comentan LAPIERRE, A. y AUCOUTURIER, B. (1980) *El cuerpo y el inconsciente en educación y terapia*. Barcelona: Científico Médica.

placer primitivas en relación con la pulsión vital del movimiento biológico".
Un placer de ser, de existir que brinda el movimiento como experiencia de estar vivo.

Organismo-medio / Necesidad-satisfacción. Vínculos

El recién nacido al salir del vientre materno donde vivía en un estado de completud producto de una simbiosis fisiológica intrauterina, sin diferenciación entre su medio interno y el exterior y sin necesidades, se va a encontrar no solo con la *necesidad* sino también con la *demora* (tiempo) entre su urgencia y la llegada de la *satisfacción* proveniente del exterior y otorgada por otro humano.

Su inmadurez orgánica hará que su supervivencia dependa de otro que satisfaga sus necesidades vitales de alimento y contacto.

El bebé establecerá una relación con su medio[6] surgida de lo orgánico y sus necesidades, inmersa en un universo afectivo dado por el interjuego que se originará entre los modos y estados emocionales de la madre y el niño, que se hacen visibles en los cuidados maternales y juegos afectivos, iniciándose un vínculo que será fundante de lo humano.

De modo tal que en el inicio mismo de la vida extrauterina la necesidad orgánica se entramará con la experiencia emocional en recíproca e indisoluble influencia. Toda experiencia orgánica es vivida emocionalmente. Ese *organismo* humano que nace inmaduro, madurará con la experiencia. Experiencia que se realizará en un determinado espacio afectivo y normativo, lo cual dará lugar a una determinada construcción de la subjetividad.

En el curso de su maduración, el incipiente desarrollo de su sensorialidad le permitirá ir localizando la necesidad adentro de su cuerpo y la fuente de satisfacción afuera. En este contexto, las primeras sensaciones corporales son siempre experiencias emocionales.

El aparato sensorial irá desarrollándose así a través del tiempo y sobre la base de una experiencia que entramará necesidades orgánicas y afectivas junto con deseos psíquicos que se encuentran en el acuerdo o en la oposición.

---

6   El "medio" en que se desarrolla el humano es un medio de objetos y de personas, es decir social y por lo tanto relacional y afectivo.

Motricidad humana

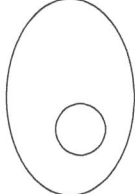
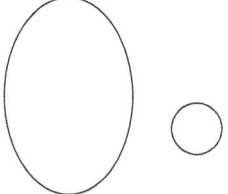

Vida intrauterina
Estado de completud. Sin necesidades, sin tiempo. Sin discriminación adentro-afuera. Sin diferencia de temperatura.

Nacimiento
Ruptura del estado de completud. Aparece la *necesidad*, la demora, los estímulos sensoriales. Estado fusional.

El movimiento aparece ya en el embrión humano. Luego, al nacer el comienzo de la vida del bebé en el mundo remite al orden sensorial y motriz. La criatura humana se encuentra inmersa, al nacer, en un medio de estímulos que lo envuelven como antes lo hacía el líquido amniótico.

La ruptura del equilibrio interno que generará la necesidad es expresada en el organismo del bebé por la motricidad refleja.

Aún inmaduro su sistema piramidal –que habilitará la motricidad voluntaria–, su búsqueda de satisfacción será orientada por los movimientos reflejos, como por ejemplo el de succión.

Su sistema tónico, en cambio, sí se encuentra maduro al nacer y acompaña con modificaciones del tono muscular[7] sus estados de necesidad, produciendo una reacción global de *hipertonicidad* y sensaciones displacenteras, que serán acompañadas de llantos, gritos, sonidos, gemidos, gestos, que *sin ninguna intención comunicativa*, solo son la expresión o manifestación del organismo en estado de necesidad.

Así mismo sus estados de satisfacción serán acompañados en forma refleja por un *descenso global del tono* y sensaciones placenteras.

Posteriormente en el transcurso de la vida el ascenso del tono y hasta reacciones hipertónicas, continuarán formando parte de los estados de tensión psíquica y emocional, y el descenso del tono como parte de situaciones de liberación de tensión psíquica y experiencias placenteras.

Prontamente esta *motricidad espontánea y de orden refleja* del bebé será significada por la madre quien codificará y decodificará esas reacciones orgánicas transformándolas de *señales* en *signos*: hambre, dolo-

---

[7] El tono muscular es el grado de consistencia de un músculo en actividad y reposo. Es subcortical y está íntimamente ligado al orden emocional e inconsciente y a la imaginación.

res, necesidad de contacto; convirtiéndose de este modo, la motricidad refleja en gestualidad significativa.

La experiencia le permitirá al bebé ir *reconociendo* en sí mismo las fluctuaciones tónicas y los estados emocionales que implican. Gradualmente se conectará tanto con lo que sucede en él como con aquello que produce su entorno. En esta evolución a los seis meses de vida aquellos gestos espontáneos basados en fluctuaciones tónicas amplían la gama hipertonicidad = necesidad, descenso del tono = satisfacción y le permitirán acceder a toda una gama tónica para expresar sus emociones ante la presencia del otro.

Feliz ignorancia

Los cuidados maternales implican una *presentación del mundo* al niño. Durante el período de dependencia los cuidados maternos le otorgan al bebé una experiencia de *continuidad de existencia* indispensable. Winnicott nos dice que si esos cuidados maternos son "lo suficientemente buenos" el bebé vive en un estado de "feliz ignorancia y aislamiento tranquilo" del que saldrá "espontáneamente" por un *movimiento*, que le permitirá comenzar a descubrir el entorno sin que el sentido de su self se pierda en esta exploración del mundo.

Podemos observar que la motricidad juega un papel importante. Una buena adaptación permite una exploración y descubrimiento espontáneo del medio en un movimiento pendular entre el self y el mundo exterior.

En cambio, cuando el entorno es hostil la motricidad se pone al servicio de protección contra esta hostilidad y, como dice Winnicott, *"hay una retracción hacia el reposo que es lo único que permite la existencia individual".*

Del gesto como expresión espontánea al lenguaje gestual

De este modo podemos ver en la motricidad espontánea, de orden refleja y tónica, el origen del *gesto* que remite en un principio a la situación de equilibrio o desequilibrio interno del organismo, con relación a la necesidad y la satisfacción, ligado íntimamente a la dupla placer-displacer y a la experiencia emocional que esto implica.

El llanto, el grito, las reacciones hipertónicas de origen reflejo –en un comienzo relacionadas con la necesidad interna del organismo–, se expresan y se dirigen a su entorno.

TÓNICO EMOCIONAL

ORDEN BIOLÓGICO	ORDEN PSÍQUICO	EMOCIONAL	CORPORAL	TÓNICO (CORPORAL)
Necesidad →	Tensión →	Angustia →	Sens. displacenteras →	Reacciones hipertónicas
Satisfacción →	Liberación de la tensión →	Alivio →	Sens. placenteras →	Descenso del tono

La ruptura del equilibrio interno que generará la necesidad es expresada en el organismo del bebé por la motricidad refleja.

Aún inmaduro su sistema piramidal –que habilitará la motricidad voluntaria–, su búsqueda de satisfacción será orientada por los **reflejos**, como por ejemplo el de succión.

Su sistema tónico que se encuentra maduro al nacer expresa el nivel emocional, con modificaciones del tono muscular, sus estados de **necesidad**, produciendo una reacción global de **hipertonicidad**, que será acompañada de llantos, gritos, sonidos, gemidos, gestos, que sin ninguna intención comunicativa, solo son la expresión del organismo en estado de necesidad.

Así mismo sus estados de **satisfacción** serán acompañados en forma refleja por un *descenso global del tono*.

Posteriormente en el transcurso de la vida el ascenso del tono y hasta reacciones hipertónicas, continuarán formando parte de los estados de tensión psíquica y emocional, y el descenso del tono como parte de situaciones de liberación de tensión psíquica y experiencias placenteras.

El niño, según Wallon, desde el nacimiento realiza su diálogo con el mundo a través de **relaciones tónico-emocionales** junto con la actividad digestiva y respiratoria.

A medida que dicho entorno las comprende otorgándoles sentido y significado, estas reacciones motrices reflejas inician un pasaje que las convierte en *signo*, deviniendo en significantes y expresivas. Gradualmente también el niño las reconoce como tales en sí mismo y en los demás[8].

De modo tal que aquella gestualidad original, espontánea e inconsciente se va transformando en comunicación voluntaria, adquiriendo *valor de lenguaje* y estableciéndose relaciones convencionalizadas entre significante y significado[9].

El gesto en su posibilidad de expresión espontánea no adquiere valor de lenguaje hasta que se produzca un distanciamiento que dé lugar a la conciencia. Así, podemos afirmar que el gesto en su origen de naturaleza espontánea, expresiva e inconsciente deviene en signo y se transforma en lenguaje que permite la comunicación voluntaria a través de la expresión controlada y sometida a convenciones sociales, produciendo una codificación social del gesto; realizando un pasaje que va de la *expresión* a la *representación y al lenguaje*.

Esta evolución de la motricidad y sus vínculos primarios que entraman necesidad orgánica y afectividad son fundantes en el desarrollo de lo humano y permiten que el niño experimente en un sentido progresivo:

- Afirmación del Yo: que irá entramada con los procesos de discriminación Yo, No-Yo, mundo interno-mundo externo.
- La exploración del mundo: sustentada en el desarrollo gradual de la motricidad voluntaria que le permitirá explorar el mundo y acceder al dominio del mismo en un proceso de reafirmación del Yo, que en tanto evoluciona en diferenciación se confirma en el dominio de sí mismo y del mundo.
- Expresión ante los demás: de donde obtendrá a través de la mirada del otro reconocimiento, reflejo de sí mismo.
- Comunicación consciente: que implica reconocimiento de sí mismo, relación y acción en el mundo.

---

8   Esta será la base del *conocimiento* de lo que nos sucede. *"Damos el nombre de alegría* –afirma M. Feldenkrais– *al sentimiento que se nos hace consciente por la modificación corporal que produce"*.

9   Existen gestos donde el uso social asimila lo que en un inicio corresponde a la dimensión refleja de las respuestas del organismo. D. Calmels comenta como ejemplo que el gesto de fruncir el seño y la boca en señal de que algo no nos gusta, proviene del reflejo de expulsión del que está dotado el organismo del bebé para sacar afuera todo aquello extraño al organismo. Este gesto, al socializase en el uso, accede a la dimensión simbólica de valor expresivo y comunicativo.

Para la antropóloga Margaret Mead, la comunicación consciente despierta cuando los gestos se convierten en signos, es decir, cuando transportan significaciones y sentidos definidos en la conducta individual y colectiva.

Aspecto expresivo y aspecto pragmático de la motricidad

El movimiento es el resultado de dos tipos de contracción simultánea:

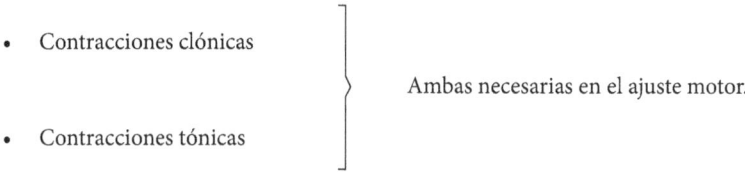

- Contracciones clónicas
- Contracciones tónicas

Ambas necesarias en el ajuste motor.

Las contracciones clónicas que constituyen la actividad kinética[10] o clónica del músculo. Según nos dice A. Lapierre son dinámicas, voluntarias, originadas en el córtex y están vinculadas a la voluntad y el psiquismo consciente.

Las contracciones tónicas constituyen la actividad tónica del músculo, que es de orden reflejo (miotático) y psíquico. Tienen su origen en los centros subcorticales, por lo tanto se relacionan directamente con los centros de la emoción y la imaginación ubicados en el sistema límbico, más antiguo que el cortical, que conforma la estructura cerebral humana. Así mismo se relacionan con *el inconsciente*, entendido como lugar psíquico dentro del aparato psíquico planteado por la teoría de Freud.

Por esto la actividad tónica es el modo de expresión más primitivo de la afectividad y configura la carga afectiva y emocional del movimiento, siendo expresión directa de la subjetividad que se manifiesta.

La actividad dinámica voluntaria (clónica) es *la manera de actuar en el mundo* y constituye, según A. Lapierre, la referencia inicial alrededor de la cual se organizan todas las *conductas de acción*.

En su otro polo, la contracción tónica es *la forma de ser y estar en el mundo y de sentir al mundo*. Y, tal como afirma A. Lapierre, constituye la base de referencia sobre la cual se organiza la afectividad (y su expresión) y la relación con los demás[11].

---

10 *Kiné*, del griego "Movimiento".
11 LAPIERRE, A., "Educación Vivenciada".

La motricidad como dominio

La motricidad evoluciona gradualmente de ser totalmente involuntaria (refleja) a la posibilidad de ser ejercida como acto voluntario a través de la maduración del sistema piramidal. Dicha maduración va a permitir desarrollo del movimiento para la *acción en el mundo* en función del dominio del objeto y de la eficacia. Movimiento dirigido entonces al exterior con fines pragmáticos o lúdicos y que se adquiere mediante el entrenamiento: patear una pelota, andar en bicicleta, escribir, jugar al tenis, clavar un clavo, danzar.

La actividad tónica, que escapa al control voluntario y es por ende *espontánea*, es el material básico con que se construirán el gesto, la actitud, la postura y el modo de realizar esas acciones en el mundo. Expresión íntima del mundo interno del individuo, encarna su subjetividad, su afectividad, dando cuenta de un modo de *ser y estar en el mundo*.

Desde su faz espontánea, este gesto expresivo no "quiere decir", sino que "dice"; poniendo en escena, efectuando un sentido.

La *expresión* –ligada a lo espontáneo– no tiene por finalidad "traducir" un sentido previo, sino *efectuarlo*. Desde esta perspectiva podríamos sugerir que el acto expresivo es la génesis de un sentido inédito que se da en el aquí y ahora.

Ambos aspectos del movimiento, como medio de acción sobre el mundo o como modo de expresión de una subjetividad, encuentran su integración en la *unidad psicomotriz y psicotónica*.

Movimiento como medio de acción y como modo de expresión

Es posible entonces, a los fines de su conceptualización, distinguir con consideraciones especiales dos aspectos en la función del movimiento: uno enfocado sobre el *hacer* y otro sobre el *modo*, es decir sobre el aspecto expresivo que pone en escena los contenidos íntimos subjetivos que configuran lo que podemos llamar un "guión oculto", que se presentifica en nuestra relación con el mundo rebasando intenciones, voluntades y objetivos pragmáticos.

Las *praxis* como sistemas de movimientos coordinados en función de un *resultado* o *intención voluntaria* requieren de regulación y cooperación de distintos grupos musculares. Integran uno de los dos aspectos del ajuste motor referido a la voluntad.

El movimiento en su función expresiva, por su parte, nos presenta dos posibilidades: una *expresión espontánea*, que no circula por el nivel de control voluntario y consciente, y la *expresión regulada*, producto de la codificación social que transforma la expresión del cuerpo en su *lenguaje*, como diría M. Bernard[12].

Ser en el mundo

Si consideramos el movimiento como manifestación energética en el tiempo y el espacio del *ser en el mundo*[13], podemos distinguir distintas funciones.

Una función del movimiento, dirigida especialmente al mundo exterior orientada a ejercer una *acción* determinada sobre él. Otra, referida a la *expresión* de una subjetividad encarnada. Y una tercera función estaría referida a una *motricidad gratuita* con un fin en sí misma, que además de la consideración ya citada que hace Lapierre, estaría fundada en una *"acumulación de tensión en las neuronas motrices que nos produce* necesidad *de movernos con el solo fin de liberarnos de ella"*[14].

Esta explicación neurofisiológica fundaría entonces dicha motricidad en mecanismos celulares cerebrales que obligan a una descarga periódica de la tensión acumulada. Lo cierto es que la descarga de tensión produce placer y en tal sentido podríamos también pensar en una dimensión erógena del movimiento.

Sistema tónico

Muchas de las búsquedas actuales de los bailarines, tienen que ver con aprender a regular el tono y flexibilizarlo. ¿Cómo hablar de la expresión de una subjetividad en el movimiento, sin hablar del tono?

El tono se relaciona con la afectividad, lo emocional, la imaginación, la dimensión imaginaria, el psiquismo inconsciente y la energía vital. Tiene que ver con el despliegue kinestésico, lo expresivo, el ajuste motor y postural. También con la energía que se aplica a cada movimiento. Al mismo tiempo podemos hablar de una identidad tónica que sería el

---

12 BERNARD, M. (1980) *El cuerpo*. Barcelona: Paidós.

13 Para Merleau-Ponty a través de su cuerpo el hombre está situado en el mundo y en tal sentido esta noción remite al concepto de un *ser en el mundo*. El cuerpo es, para Merleau-Ponty, lo que forma y hace vivir un mundo, es *"nuestro medio general de tener un mundo"*. Tal como afirma en *Fenomenología de la Percepción* *"el cuerpo es el vehículo de estar en el mundo, y tener un cuerpo significa para un ser vivo volcarse en un medio definido, confundirse con ciertos proyectos y emprender continuamente algo"* (...) *"mi cuerpo es el eje del mundo"*.

14 LE BOULCH, J. (1992) *Hacia una ciencia del movimiento humano*. España: Paidós.

fondo tónico de cada sujeto que contiene el registro de su historia, aun antes de la conciencia. El tono cumple funciones en lo postural (tónico postural), en el ajuste motor (tónico motor) y en la vida emocional (tónico emocional). De esta manera postura, movimiento y emoción se encuentran vinculados a través del tono.

Su participación en la configuración y construcción del gesto, la postura, la actitud y el movimiento, como manifestación de la subjetividad forma parte de modos de encuentro preverbales que serían el soporte de los primeros modos de comunicación así como de la construcción de futuros códigos comunicativos.

Es necesario entonces exponer posibles fundamentos de la importancia del tono para pensar el movimiento en unas danzas que no buscan la forma sino el despliegue energético.

"Tono" es el grado de tensión del músculo en estado de reposo. Es su *consistencia* y se mantiene como telón de fondo en toda acción. Sus variaciones no implican necesariamente cambio de forma del músculo.

Tiene una estrecha relación con la *vitalidad* del organismo y con la dimensión *expresiva* del sujeto, la cual condensa, desde un comienzo, experiencias emocionales con variables orgánicas referidas al equilibrio homeostático, organizadas en un todo dinámico.

Recordemos que la necesidad produce reacciones hipertónicas junto con llantos, gritos. Por su parte la satisfacción produce un estado de descenso del tono. Al mismo tiempo debemos recordar que tanto la necesidad como la satisfacción son vividas emocionalmente. Así podemos ver los lazos primarios que ligan a la emoción con su expresión tónica.

El niño, según Wallon, desde el nacimiento realiza su diálogo con el mundo a través de *relaciones tónico-emocionales* junto con la actividad digestiva y respiratoria.

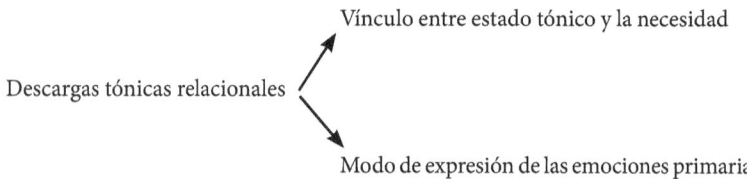

Descargas tónicas relacionales
Vínculo entre estado tónico y la necesidad
Modo de expresión de las emociones primarias

La emoción es al comienzo un llamado del niño a su medio para satisfacer sus necesidades. La actitud del medio tendrá influencia sobre el *sentido* de esas manifestaciones.

El tono constituirá entonces "una forma de sentido", donde los movimientos reflejos harán su pasaje en dirección al gesto. De esta manera podemos observar cómo el tono, en un principio relacionado con los reflejos de descarga en la situación de necesidad-satisfacción, pasa a constituirse en un medio de comunicación con el mundo, formando parte de los modos preverbales.

La "separación" que se produce al nacer, creando un "vacío", es atravesada rumbo al encuentro con el otro por medio de la comunicación tónica, constituyéndose el diálogo tónico en el primer modo de comunicación que se da en el contacto mutuo del cuerpo del bebé y la madre.

Este encuentro tónico es en un principio poco diferenciado y de carácter inconsciente. Gradualmente se transformará en comunicación, cuando exista un diálogo que implica intercambio tónico y acuerdo tónico.

Le Boulch nos dice que a los seis meses de vida el bebé ya posee toda una gama tónica a su disposición que le permite expresar sus emociones ante y para otro.

De su sistema tónico derivará una conciencia de sí y el origen de la percepción. A. Lapierre describe el proceso por el cual el niño comienza a esbozarse la idea de otro distinto de él porque percibe la presencia tónica del otro con el cual interactúa en un diálogo tónico.

En el proceso de la evolución el tono muscular tendrá un papel preponderante en la adquisición de la conciencia de sí, que se construirá en base a la diferenciación o discriminación perceptiva y psicológica entre el Yo (Yo corporal) y los demás.

A medida que desaparecen los movimientos reflejos arcaicos (como las reacciones hipertónicas reflejas) avanza la maduración del sistema piramidal que habilita la motricidad voluntaria y el tono también desempeñará, en esta instancia evolutiva, un importante papel en el ajuste motor dando dominio y eficacia al movimiento voluntario.

Tono y psiquismo

Tono y psiquismo, tono y emoción están ligados y representan dos aspectos de una misma función. De modo tal que no hay emoción sin alguna expresión somático-tónica así como toda variación en el tono muscular promueve e implica una modificación emocional.

Al mismo tiempo podemos afirmar que toda emoción es vivida como *experiencia corporal*: distintas tensiones musculares, aceleración de rítmos cardíaco y respiratorio, secreciones hormonales, que con el tiempo aprendemos a decodificar poniéndoles palabras y dándoles el nombre de: miedo, angustia, alegría, como nos dice M. Feldenkrais.

Para H. Wallon la emoción es una forma de adaptación al medio, y más específicamente a los demás, una forma intermedia entre la primitiva y mecánica de los automatismos y la mas elaborada e intelectiva de las representaciones. Esta adaptación emocional es esencialmente de origen postural y su núcleo es el tono muscular[15].

Comunicación tónica

El diálogo tónico, que definiéramos como el primer modo de comunicación con el medio, continuará cumpliendo una función fundamental en los procesos de comunicación, participación y encuentro, en todas las etapas de nuestra vida.

Toda comunicación se establece sobre la base de intercambios –*diálogos*– tónicos. Toda posibilidad de diálogo con el otro, todo *encuentro*, sea corporal, de ideas, de sentimientos se realiza sobre la base de acuerdos tónicos y ello implica que el cuerpo siempre está participando.

Gerda Alexander afirma que

> ...la capacidad de adaptarse a otra persona con otro temperamento, de *sentir* a otra persona, se debe a la adaptación del tono. La comprensión puramente intelectual del otro es muy distinta. Si uno siente el sufrimiento de otra persona con su propio cuerpo comparte la experiencia.

Esta es la base de los procesos de imitación e identificación que permiten, según lo demostró H. Wallon, que el niño inicie sus primeras relaciones con el entorno y sus primeros aprendizajes basados en la imitación y en la identificación.

En el adulto este proceso continúa siendo la base de muchas relaciones con el medio. Al observar atentamente un partido de fútbol, o un espectáculo de Danza, Teatro o Cine se produce una experiencia de estar viviéndolo en el propio cuerpo y esto es así porque la emoción influye sobre la totalidad corporal. Una empatía propioceptiva[16] se pone en juego permitiéndonos participar con nuestro propio cuerpo de lo que vemos.

Este proceso, como diría G. Alexander, es la base de *"un conocimiento del mundo que llega por la vía corporal. Sentir y comprender se apoya en la modificación tónica. Sin modificación tónica sería imposible ninguna interpretación musical o dramática"*[17].

---

15 BERNARD, M., obra citada.
16 Es decir kinestésica y postural.
17 HEMSY DE GAINZA, V. (1983) *Conversaciones con Gerda Alexander*. Bs. As.: Paidós.

Esto involucra tanto al intérprete como al observador de la obra quien entra en comunicación con ella, experimentándola en su propio cuerpo y completándola...

Tono e imaginación

Existen dos sistemas mediante los cuales los nervios motores controlan los músculos:

a) Fibras contráctiles del músculo: hasta 1945 se creía que era el único. Comprende el 55% del sistema.
b) Husos neuromusculares: adaptadores mas sensibles y tienen que ver con el tono muscular. Ocupan el 45% de las fibras del músculo.

- Músculo estriado (actividad clónica)
- Husos Neuromusculares (actividad tónica)

Es decir que dentro del músculo además de las fibras contráctiles que producen su acortamiento y con ello el desplazamiento de los huesos en el espacio, existen los *husos neuromusculares* que participan en la regulación del tono muscular.

G. Alexander nos recuerda que en 1945 dos investigadores escandinavos, Koda y Graint[18], descubrieron que estos husos poseen un sistema específico de inervación sensitiva y motora.

Un nervio *sensitivo* que transmite impulsos al hipotálamo, y un nervio *motor* que recibe impulsos del hipotálamo en dirección al sistema efector (músculo).

G. Alexander nos dice que es importante recordar que el hipotálamo es movilizado por la imaginación, de modo tal que cuando proyectamos hacer algo o imaginamos una situación, el tono muscular responde adecuándose a lo imaginado o acción prevista, lo cual se conoce con el nombre de *inervación anticipada,* que forma parte de los *esquemas de acción.*

De este modo podemos afirmar que el tono se adapta en la forma adecuada cuando tenemos una conciencia clara de qué y cómo queremos realizar una determinada acción, por ejemplo tocar un instrumento, interpretar un personaje, realizar un movimiento, danzar, etc.

---

18 Así lo expone Gerda Alexander en *Conversaciones con Gerda Alexander*. HEMSY DE GAINZA, V., obra citada.

Asimismo, G. Alexander nos dice que el conocimiento previo o una representación mental clara de los desplazamientos y modos de esa acción conducen a una *apropiación* por parte del sujeto de cierta secuencia motriz. Implicando diversos procesos de "internalización", crea esquemas mentales de dichas secuencias, de modo tal que nuestra mente las activa instantes antes de realizar la acción en términos reales, permitiendo que el tono se adecúe con anterioridad a la faz clónica. Ahora bien, estos esquemas –internalizados– de movimiento se entraman cada nueva vez con nuestros estados emocionales. Esto tendrá que ver con la actitud con la que el bailarín o el actor salen a escena ya que el estado anímico también "planifica la acción" influyendo en los resultados.

Es importante recordar en este punto la importancia del tono en el ajuste postural y motor actuando de telón de fondo para la acción contráctil o kinética del músculo. El tono prepara el músculo para la acción y se encuentra en estrecha concordancia con nuestros estados emocionales y contenidos mentales.

Distonías

Al afirmar que el tono muscular es la expresión de una personalidad en situación, y que encarna una subjetividad, podemos observar, como reflejo del psiquismo, alteraciones tónicas, denominadas *distonías*.

G. Alexander nos dice que existen dos tipos de fijaciones tónicas: *hipertonía* e *hipotonía* que dan cuenta de fijaciones emocionales, estados mentales así como de un desequilibrio entre el sistema simpático (acelerador) y el parasimpático (frenador).

La hipertonía (no patológica) se caracteriza por un estado excitable, dificultad para el descanso y la relajación, con dificultades para interrumpir la acción y entrar en fases de reposo y estabilización. Forma como una caparazón que aísla al sujeto reduciendo la percepción de estímulos y provocándole dificultad para autopercibirse.

La hipotonía como su opuesto se manifiesta por un tempo lento y pesado que cede a la fuerza de gravedad.

Estas alteraciones permiten observar en el movimiento una pérdida del ritmo a la vez que se ha comprobado los beneficios de trabajar con la unión música-movimiento, para restablecer la regulación tónica.

Relación mente-músculo

Existen asimismo estrechas relaciones entre nuestra actividad mental y la actividad muscular que nos permiten observar los vínculos entre pensamiento y movimiento.

Freud afirmaba que *"el pensamiento más reposado descarga estímulos hacia los músculos, porque el pensamiento más reposado es en su origen movimiento"*[19].

Por su parte, muchos investigadores de otras corrientes –que no toman como referente al psicoanálisis–, también han sugerido que *"es imposible pensar una actividad sin realizar pequeñas contracciones en los músculos implicados en la acción pensada"*[20].

De modo tal que el pensamiento implica *siempre* pequeños movimientos musculares, mas allá de las corrientes tónicas anteriormente mencionadas.

Con instrumentos de registro de la actividad muscular se ha observado que el diseño de la actividad eléctrica del músculo, al pensar en un movimiento determinado, es muy semejante, pero en menor escala, al que se produce cuando el movimiento es realizado en realidad.

Barlow afirma entonces que *"cuando estamos sumidos en el pensamiento tienen lugar pequeñas pautas musculares de uso"*.

Si bien estos procesos no llegan al umbral de nuestra conciencia, constituyen material de fondo de nuestra conciencia personal, sobre el que nos movemos y nos vamos construyendo como sujetos.

El cuerpo lejos de ser una máquina biomecánica es en verdad un *órgano de expresión* donde los contenidos mentales, emocionales, sensoriales modifican los estados musculares y, *recíprocamente*, la actividad muscular en sus diversos modos influye sobre la totalidad del sujeto.

Desde esta perspectiva también podemos pensar que las posturas pueden ser expresión inmediata de un estado emocional, como así también el punto de partida de ciertas emociones y acciones.

Movimiento expresivo

También podemos entender al movimiento como la expresión motriz del ser en situación. O como actos que se dirigen a un medio y que expresan, tal como lo diría Merleau-Ponty, un ser en el mundo.

---

19 Citado por CALMELS, D. (2004) *Cuerpo y saber*. Bs. As.: Novedades Educativas.
20 BARLOW, W. (1986) *El principio de Mathias Alexander*. Bs. As.: Paidós.

Ubicar el movimiento en el contexto de una situación vivida implica hablar de una encarnación significativa. La significación de los movimientos expresivos remite a la personalidad y a la subjetividad. De esta manera los movimientos expresivos espontáneos expresan la manera de ser de una personalidad en situación.

El movimiento, desde esta perspectiva, expresa una manera de ser en el mundo, una manera de ser del sujeto. No apunta a la eficacia como el automatismo gestual, ni a un objetivo exterior o destreza a alcanzar, sino que se presenta, en su espontaneidad, como manifestación de una subjetividad. Le Boulch[21] nos dice que cada manifestación del existir se proyecta en el cuerpo y que no hay sentimiento que no implique un gesto para ser.

En la Expresión Corporal el aspecto expresivo no se encuentra en lo formal sino en la plasticidad tónica. Debemos recordar que el tono muscular cumple una función emocional y es expresión directa, espontánea e inconsciente, tanto de los estados de la energía vital como de los estados emocionales y psíquicos.

El tono otorga el componente expresivo al movimiento, al gesto, a la postura y configura, además, la actitud. Así, el movimiento y el gesto expresivo espontáneo, tanto en la vida cotidiana como en la improvisación creativa, manifiestan estados emocionales por sus modificaciones tónicas involuntarias e inmediatas.

El cuerpo en su fluctuación tónica manifiesta situaciones emocionales y afectivas profundas que pueden ser conscientes o inconscientes y son significativas de la forma en que es vivida la relación con sí mismo y con el mundo.

No hay emoción, dice Le Boulch, *que no implique una modificación somático tónica*. De modo que existe una estrecha relación entre vida psíquica y movimiento expresivo.

La expresión del cuerpo y del movimiento se sostiene en *la unidad psicomotriz y psicotónica*[22] y, como diría J. Dropsy[23], *"el hombre es uno*

---

21 En su libro *Hacia una ciencia del movimiento humano*. Barcelona: Paidós.

22 La Expresión Corporal en su especificidad propone un trabajo sobre la expresión y regulación tónica y motriz preservando la expresión espontánea del cuerpo, aun durante los aprendizajes motores. Esta expresión espontánea también se encuentra presente en los movimientos voluntarios manifestando el modo de ser, de estar y de hacer de cada uno, constituyendo su rasgo singular y propio que le permite a cada uno hallar su propia Danza.

23 En su libro *Vivir en su cuerpo*. Bs. As.: Paidós.

con su expresión corporal. No es el espíritu el que se inquieta y el cuerpo el que se contrae; es la persona íntegra la que se expresa".

Así mismo, compartimos con G. Alexander cuando dice: *"Comprendí que cuando un cuerpo está libre de falsas tensiones y de los habituales movimientos erróneos, no hay necesidad de añadirle expresión. El mismo cuerpo expresa lo que la persona es en ese momento".*

En algunas búsquedas de la Danza el aspecto expresivo del movimiento no está centrado en su cualidad formal sino por su cualidad tónica, es de orden reflejo y psíquico. Recordemos que el tono también puede ser entendido como manifestación de la energía vital, de modo tal que nos encontramos frente a unas danzas que pasan de la búsqueda de las formas a las del uso de las energías; a expresiones de esas energías. A modos de ser en el mundo, de esas mismas energías.

Unas danzas de las energías vitales.

3 // Gesto, arte y cultura

Miradas naturalistas del gesto

Durante bastante tiempo, y sustentados en un pensamiento naturalista[1] y en base a la Teoría de la evolución de las especies[2], se intentó demostrar la raíz *natural* del gesto.

Una antropología etnocentrista –de neto corte ideológico– y una biología que desbordaba su campo de saber extendiendo sus formulaciones al orden de lo social, intentaron sustentar la afirmación de la existencia de una gestualidad propia de lo que se diera en llamar *razas*, por el camino biológico de la *determinación genética*.

De tales concepciones se desprende que los comportamientos del hombre, así como su inteligencia, sensibilidad y modos particulares de relación con el mundo, serán producto de una determinada *dotación genética*. Esta misma, formaría parte de una rama o *línea* de evolución que privilegia a algunas razas –mientras otras se "degeneran"–; convirtiéndose este discurso en un fundamento "científico" del racismo, el cual se sumará al discurso metafísico del bien y del mal[3]. Así se hablará de *superioridad* e *inferioridad* entre los seres humanos, de base biológica.

---

1   El enfoque biologista ligado a la Teoría de la evolución de las especies, atravesará gran parte de los discursos configurando un antecedente de lo que hoy conocemos como "biología del comportamiento" que entre otras cosas busca las bases genéticas de la personalidad y el comportamiento humano.

2   La teoría de Darwin refuerza la idea del hombre como ser natural, convirtiéndolo en objeto de conocimiento sujeto a las leyes de la naturaleza.

3   D. Efrón, antropólogo argentino que diera con su obra *Raza, gesto y cultura* una prueba contundente contra las afirmaciones de tales discursos, nos dice que Hans Gunther, *"uno de los sumos sacerdotes de la antropología política del Tercer Reich"*, afirmaba que *"la humanidad se compone de cuatro 'razas distintas'"(la nórdica, la occidental,*

Esta línea de pensamiento desembocará en una perspectiva ordenadora según jerarquías aristocráticas.

De esta manera, algunas corrientes de principios del siglo XX[4] ligaban la idea de un tronco común en la evolución de las especies, a la dimensión social humana. El orden social seguiría un mismo lineamiento "natural", del cual se desprenden y en el cual se justifican criterios de organización social según jerarquías en un orden vertical, fundadas en la superioridad biológica.

Así, se trasladan forzadamente y se yuxtaponen las conclusiones darwinianas a los comportamientos humanos, negando valor e importancia a las variables socio culturales, históricas, simbólicas y afectivas, como *propias* de lo humano[5].

Los estudios de la época centraban su atención en una "teoría racial de los gestos" e intentaban dar cuenta de una gestualidad que ligaba a estados evolutivos de la especie con *razas*.

De esta manera, la capacidad para controlar la expresión de las emociones, así como la gestualidad ampulosa o extrovertida, como la vivacidad o la "superficialidad" eran consideradas como *innatas*, producto de una dotación *hereditaria* y propias de ciertas *razas*.

Pensar en una base genética del gesto como expresión *natural* de las emociones propone una visión *determinista* –para la cual el destino del ser humano esta inscripto en su biología– y por ende *cerrada* para entender la complejidad y la diversidad de los modos de expresión en el orden humano.

Influidos por este pensamiento, consolidado en diferentes tiempos de un modo o de otro, se han convalidado los intentos de hallar en la expresión del cuerpo y sus manifestaciones un *texto legible*.

La idea del cuerpo y sus producciones como texto legible e inteligible alentó y alienta un ordenamiento del cuerpo en la pretensión de

---

la oriental y la dinámica) cada una de las cuales tiene una estructura psicosomática esencial y específica".

4   Muy influidas por el libro que Darwin publicara en el año 1782 *La expresión de las emociones en los hombres y los animales.*

5   Un claro ejemplo es la teoría social del filósofo positivista Spencer; aplicando la teoría evolucionista al orden social, plantea que las culturas y las sociedades evolucionan de igual modo que plantea Darwin en el orden biológico, según un principio interno orientado hacia el *progreso*. Desde esta particular perspectiva evolucionista, la cultura occidental sería el punto máximo en la escala evolutiva de la especie humana. Así, sobre estos fundamentos se pretenderá justificar la *"natural"* superioridad de ciertos grupos sociales.

capturar su inaprensible cualidad y controlarlo para que nos conduzca a alguna certeza.

Tanto en el campo de la psicología, como de la sociología, como del arte, muchos son los intentos de encontrar una *biología del gesto y la expresión* que los acomode y los "deje quietos" para poder ser capturados por un significado unívoco.

Esta opción nos presenta un cuerpo y su gestualidad en estado rígido y cerrado, volviendo dócil lo múltiple; acotando.

Crítica al pensamiento naturalista y biologista

Pensar, en cambio, dentro de un marco que concibe la dotación biológica homínida inmersa en un medio vincular, social, histórico y cultural que *humaniza* y *singulariza* a ese ser en cuestión, implica remover cimientos presentes tanto en las ciencias como en las artes. A partir, sobre todo, de reivindicar el valor de la *historia* –individual y socio cultural– y entender lo humano como *devenir* y *construcción*.

Gesto como expresión espontánea

Expresar generalmente refiere a dirigir hacia el entorno un contenido experimentado por el sujeto. Etimológicamente deriva de *exprimere*, que significa "salir presionado".

Puede ser una sensación, como el dolor o la tibieza, una emoción, como el enojo o la alegría, así como una idea, pensamiento o imagen, implicando en todos los casos una liberación de la energía que se *visibiliza de algún modo*.

Una mirada reduccionista podría afirmar una concepción de la expresión ligada a la idea o fundamento de la mera *liberación de la tensión, o descarga*.

Pero lo cierto es que una vez expuesto ese contenido, una vez volcado al mundo, se convierte en algo más que mera liberación. Por eso, decir que la tensión *se hace visible de algún modo*, implica que expresar siempre incluye la *presencia de otro*, real o imaginario. Implica un poner en el mundo, que da a ver, a palpar, a oír, a conocer e interpretar y que construirá un puente que permitirá la comunicación con el entorno. Hecho vincular por excelencia entre el Yo, el mundo de objetos y seres, y en cuya *relación* se construye la subjetividad y se prefigura, en despliegues diversos, la personalidad.

Como vimos en el capítulo de Movimiento, la *expresión* en el comienzo está referida a las necesidades del organismo ligadas a su supervivencia y a las condiciones específicas del estado de inmadurez con el que nace la cría humana.

Desde esta perspectiva podemos decir que el llanto, el grito, la crispación muscular, en su *manifestación*, *expresan* una situación de desequilibrio interno del organismo, al que denominamos necesidad. Así mismo, la relajación muscular, la respiración suave y profunda, entre otros, *expresan* un estado de recuperación del equilibrio interno, implicando un estado de satisfacción y placer.

Es decir que podemos pensar que existe un punto de partida de la expresión espontánea como la *manifestación de un estado* que se enraíza en el organismo y que pone en juego de un modo específico las tensiones de la vida y de la muerte, provocando sensaciones de placer y displacer.

Como ya dijimos también, estas primeras instancias de la expresión son de orden *espontáneo e inconsciente*. Además se hacen "visibles" al exterior a través del *movimiento* en el que el *gesto* se configura como tal. *Gesto*, entonces, como manifestación *inmediata* de un organismo que hace *visible* un estado.

Cuando decimos que se trata de un orden *espontáneo*, nos referimos a que situación interna y visibilidad externa son uno. No media voluntad alguna en la manera de configurarlo para hacer de un contenido previo algo *comunicable*.

Cuando nos referimos a que es *inconsciente*, significa que no existe el distanciamiento necesario que permita *conocer o saber* lo que se está haciendo. No hay, por lo tanto, una intencionalidad instrumental y racional que siga los lineamientos –u ordenamientos– de las convenciones sociales preexistentes.

Lo "inmediato", implica un gesto situado en el aquí y ahora donde no existe representación sino presentación. Ni existe mediador alguno entre el contenido a expresar y la configuración a través de la cual se hace visible ante un otro. De modo tal que el *gesto* de dolor no representa al dolor; *es* el dolor.

Esta forma de expresión ligada a contenidos inconscientes, perdurará como un modo de manifestación, dentro del vasto espectro expresivo del sujeto adulto. En la expresión espontánea no hay intención de "representación" y se encuentra ligada al orden inconsciente.

Para que la expresión espontánea o el gesto espontáneo se transformen en *lenguaje* de uso voluntario, es necesario un *distanciamiento* que dé lugar a la conciencia del sujeto sobre el lenguaje que usa. Entonces, la noción de lenguaje implica comunicación en relación a un *entendimiento* basado en la presencia y uso de *códigos compartidos*.

Reflexiones sobre el lenguaje

El lenguaje implica la utilización de códigos y remite a un sistema articulado de significación. Podemos entender como lenguaje a un conjunto de *formas convencionalizadas* por las cuales un determinado narrativo se expresa. Es un recurso expresivo y comunicacional con el que contamos los seres humanos a partir de una dotación orgánica que se entrama con una matriz simbólica del orden cultural y que como tal ha evolucionado desde sus formas originarias hacia niveles actuales de alta sofisticación.

El lenguaje es un fenómeno social. Nos humaniza. Como dice Esther Díaz, somos seres sociales que compartimos un sistema simbólico y el sistema simbólico principal es el lenguaje, formado por palabras significativas articuladas racionalmente.

Al mismo tiempo, el lenguaje nos permite *estructurar y representar* la realidad. Sujetado al código, el lenguaje nos permite transmitir y recibir pensamientos, sensaciones, emociones, habilitando una relación propia del *encuentro*. De esta manera nos ha hecho humanos en la trama de construcción recíproca del *nosotros*, permitiéndonos transformar el espacio de *separación* en *lugar de encuentro* y de *acción común*.

Si nos proponemos pensar el lenguaje desde un punto de vista filogenético es posible compartir la hipótesis de que el primer lenguaje, que habilitó la comunicación entre los seres humanos, haya sido *gestual*.

Una dirección del movimiento, una energía aplicada, la mirada, el desplazamiento y la actitud implicados en el gesto y su dramática, pudieron servir como primer soporte material de las primeras convenciones comunicativas.

A posteriori, y desde esta perspectiva, es admisible pensar que el lenguaje oral surge a partir de la gestualidad. De modo tal que el gesto se presenta como condición originaria de la oralidad.

R. Barthes[6] sostiene de manera interesante esta perspectiva y propone, incluso, que los primeros grafismos antecesores de la escritura no se referían al aspecto fonético del lenguaje oral, sino que eran *grafismos del lenguaje gestual*.

---

6   BARTHES, R. (1989) *Variaciones sobre la escritura*. Bs. As.: Sudamericana.

Mirando el origen ontogenético. De la señal al signo

Si retomamos el hilo temporal en el sentido ontogenético, nos encontramos en una etapa donde el distanciamiento necesario que implica la constitución del lenguaje aún no es posible, ya que el bebé se encuentra en un *estado fusional* con la madre y el medio del que irá saliendo gradualmente. Al no haber diferenciación ni distanciamiento, no existe posibilidad alguna de *discriminación* que habilite la conciencia de sí mismo, basada, entre otras situaciones, en la distinción Yo, no-Yo.

El cuerpo, en esta etapa, no traduce significaciones "internas" a un mundo "exterior" con intenciones "comunicativas", pues no existe división alguna entre el Yo y el mundo. El cuerpo *es* plenamente territorio de la existencia donde se juega la experiencia. Sus expresiones gestuales *son* la experiencia misma y en ella agotan su sentido.

Pero ¿qué sucede con el entorno frente a estas *expresiones inmediatas?* El medio recibirá y transformará esa gestualidad originaria, de *señal en signo*. La madre, a partir de un proceso que enlaza su propia experiencia consciente e inconsciente, "responde" a las demandas del bebé. Es decir, *lee* o *interpreta* esas *expresiones* con lo cual comienza a esbozarse una *comunicación* que viene del afuera del bebé, esto es, orientada por la significación que el entorno otorga a esas manifestaciones inmediatas. La madre comienza a *otorgar valor de lenguaje* a las manifestaciones orgánicas.

De este modo refleja dicha significación sobre el bebé. Vuelca por así decirlo "sentido" sobre la manifestación orgánica –sin olvidar que desde un comienzo estas "manifestaciones orgánicas" son *experiencias emocionales* para ambos, madre y bebé– así el organismo entra en código y porta en sí una impronta significante, deviniendo cuerpo.

Esto implica, la posibilidad de un ida y vuelta, es decir de un *vínculo* que irá fundando experiencia; el entorno –y en principio la madre o quien cumpla la función materna– irá devolviendo sobre el bebé una imagen que lo espeja como sujeto.

La madre lo nombra sujeto al significarlo como tal. Y es en esta significación donde se presentarán *diversos modos culturizados* –a través de las prácticas sociales y los usos y costumbres de cada cultura en cada tiempo histórico y en cada contexto social–, constituyendo un entramado entre lo individual y lo social en el que se construye cada ser humano singular.

Esta expresión espontánea que tiene como espacio primigenio al cuerpo, permite sortear el vacío que queda entre el cuerpo materno y el del bebé, a medida que se va produciendo una *separación o distanciamiento* que va dejando atrás la etapa fusional.

Podemos afirmar entonces que es la *pérdida del cuerpo del otro* lo que dará paso al lenguaje, y así mismo, que la búsqueda del cuerpo del otro se constituirá en el potencial comunicativo y de hacer "con".

Como vemos, el cuerpo y su gestualidad espontánea pueden ser pensados, tanto en el orden filogenético como ontogenético, como el punto de partida de los lenguajes abstractos presentes en el arte y también de la palabra.

De la **expresión** del cuerpo al **lenguaje** del cuerpo

CODIFICACIÓN SOCIAL DEL GESTO

La dimensión de lenguaje en la comunicación social que algunos ven en el gesto, el movimiento, la postura, la actitud, nos remite al orden de la codificación. Y la codificación por la que todos los cuerpos pasan es de orden social.

M. Bernard nos dice que *"la cultura se apropia de la expresión del cuerpo para convertirla en su lenguaje"*[7]. Esta codificación es la que haría posible un "entendimiento" entre los seres humanos ya que recortaría la posibilidad de sentidos múltiples, acotándolos a significados convencionales, permitiendo la comunicación con *otros* a través del *uso de códigos compartidos*.

Al mismo tiempo que el orden social sujeta los cuerpos en relación a roles y espacios de pertenencia, codifica sus expresiones emocionales para hacerlas comunicables, y los moldea conforme al lugar que se ocupe en la estructura social. Esta *codificación del gesto* aparece tanto en el orden *social* como en el ámbito de las artes, y en esta última esfera se construye en la forma de codificación *estética*.

Muchas danzas de oriente y de occidente realizan su propia codificación del movimiento y del gesto, encarnando imaginarios particulares que les son *propios y compartidos*. Otras, trabajan sin codificación previa, como sucede en la Danza Butoh, el Contact Improvisation y en la Expresión Corporal.

El entrenamiento para la ejecución del movimiento codificado trabaja por la imitación de un modelo de movimiento dado por otro, la automatización en base a la repetición de esquemas de movimiento con

---

7   BERNARD, M., obra citada.

fijación temporoespacial y no exige participación del sujeto, ni de su sensibilidad corporal, ni de su pensamiento o su interioridad. Su subjetividad es literalmente borrada cuando se trata del aprendizaje motriz de códigos cerrados. En cambio, cuanto más abierto es el código mayor es la participación de la subjetividad que se requiere para el entrenamiento motor, tal como afirma Hilda Islas[8], hasta llegar a la participación de la propia sensibilidad corporal. Implicando la propioceptividad a pleno como guía y camino del proceso creador, el movimiento se liga a otras percepciones corporales y del entorno, produce imágenes y las asocia a sentimientos, habitando un cuerpo desde donde se ocupa el tiempo y el espacio de una manera íntegra, superando toda disociación o dicotomía propias de algunas formas de Danza hegemónicas basadas en paradigmas dualistas-racionalistas, que inevitablemente dejan su impronta sobre la corporeidad.

Gesto en el arte

Llevar esta reflexión al campo del arte implica participar de la discusión contemporánea considerando dos de sus tantos temas: la crítica a la representación y a la puesta en perspectiva de la noción de lenguaje en artes. Implica, también, tomar postura dentro de una corriente crítica a la semiología clásica y a la racionalidad Moderna centrada en el lenguaje.

Una perspectiva abierta a las diferentes formas de manifestaciones artísticas –y especialmente escénicas– contemporáneas, nos llevará a realizar un recorrido que va de la reflexión sobre el gesto como *representación*, ligado a una *idea previa*, o gesto ligado al *decir del instante y a la espontaneidad*. Así mismo nos proponemos pensar en un gesto más kinestésico y corporal que psicológico.

La otra, nos conducirá a incluirnos en el debate sobre si es posible hablar de *lenguaje* en artes, es decir referirnos al modelo lingüístico para justificar la experiencia comunicativa y participativa en artes, pensando críticamente a partir de las teorías de la recepción, y articulando enfoques hermenéuticos y fenomenológicos, planteados por P. Pavis en su libro *El análisis de los espectáculos*.

---

8   ISLAS, H. (1995) *Tecnologías corporales: danza, cuerpo e historia.* México: Centro Nacional de las Artes. Serie Investigación y Documentación de las Artes.

Expresarse en arte

La expresión (*expresare*), en la esfera del arte, puede ser pensada en relación al proceso creador[9] y al sello particular del autor. En algún sentido, podríamos decir que alude a un *gesto de autoría* de aquel que *se expresa creativamente*.

Desde esta perspectiva, la expresión alude a un *modo personal* de sintetizar conocimientos y habilidades articulándolos con sentimientos, sensaciones, pensamientos e imágenes en un tiempo de lo inmediato, que requiere espontaneidad y libertad.

Desde un punto de vista *estético*, en el arte contemporáneo, la noción de expresión no implica una exposición explicativa o demostrativa de la vida emocional o afectiva del artista. No implica tampoco entender a la obra como la manifestación de sentimientos particulares del artista. Si bien este *expresa* un sentido, *el sentido pertenece a la obra*.

La *expresión*, en el contexto del arte contemporáneo, se caracteriza por no ser alusiva ni indicativa y, así como el *gesto espontáneo*, más que limitarse a ser el signo exterior de una interioridad *es uno* con esa interioridad que al *manifestarse* se *muestra*, ofreciendo al espectador una *presencia viva*.

En la teoría clásica de la expresión, en cambio, se postula que el sentido existe previamente –en el texto– y que la expresión es un proceso posterior, *de acomodación*; poniendo la expresión del cuerpo y el gesto al servicio de una *idea previa*.

Pavis[10] nos dice que esta postura implica *"una sobrevaloración de la idea en detrimento de la materia expresiva*[11]*; una creencia en un sentido anterior a la expresión"*.

En el contexto contemporáneo, las artes escénicas se apartan de los postulados clásicos de la expresión y trascienden –por distintos caminos– el dualismo contenido-forma que estas planteaban. Ya no se apunta a separar pensamiento de expresión, y en cambio se tiende a concebirlos como ligados en procesos complejos de integración.

---

9 Ver capítulo I.

10 PAVIS, P. (2003) *Diccionario de teatro. Daramaturgia, estética y semiología*. Bs. As.: Paidós.

11 Me resulta interesante el dualismo que queda planteado en el texto de Pavis nombrado como idea/materia expresiva... Mi propuesta es considerar al cuerpo como lugar de esas conciliaciones –o coagulaciones– diversas de idea/materia expresiva.
    Otra forma de binarismo se juega en el dualismo sentido/expresión. Nuevas orientaciones que toman el pensamiento binario, así como en la época clásica se jugaba en la oposición contenido/forma, en la actualidad se presenta el mismo juego y es nombrado de otros modos como el de interioridad/exterioridad.

"La obra dramática –afirma Pavis– *no refleja un mundo anterior, ofrece el mundo en la visión y en la forma que tiene de él".*

Poco importa, para el autor, que a este proceso se lo llame "escritura", "estructuración" o "práctica significante". Lo cierto es que tanto el director como el intérprete orientan, según Pavis, su trabajo de creación en pos de una cierta *lectura* que quiere provocar algo en el espectador, *ofreciéndole*, de esta manera, *un mundo* construido desde el lugar de la mirada del artista.

Las propuestas en las expresiones artísticas contemporáneas que implican al cuerpo, ya no manipulan la expresión del cuerpo al servicio de una idea previa, ya no apuntan a *disciplinarlo* para *reflejar miméticamente*.

Muy por el contrario, se desafían a los modelos que proponen un único camino de interpretación en una propuesta que no apunta ya al "dominio" del cuerpo sino a su manifestación; apuntalando el proceso en un *despliegue poético del cuerpo* que elude la captura de códigos a priori.

El *proceso creador*[12] *expresivo*, centrado en el *acontecimiento*[13] *espontáneo*, no responde a ningún principio ordenador preexistente. El artista crea cada vez su propia sintaxis, siempre nueva, inesperada. Desde esta perspectiva, en los procesos de creación el concepto de *expresión* se resignifica y el *gesto espontáneo* –no planificado, ni intelectualizado, ni estereotipado– se presenta como *expresivo* de un sentido inédito.

Gesto en escena

En su libro *Diccionario de Teatro*, P. Pavis hace referencia a las diferentes maneras de concebir al gesto y la interrelación entre dichas concepciones con el trabajo de interpretación, así como se refiere al estilo de representación.

La concepción clásica –que todavía prevalece en la actualidad– convierte el gesto en un medio de expresión y de exteriorización de un contenido psíquico interior y anterior (emoción, reacción, significación) que el cuerpo tiene por misión comunicar a otros.

Desde esta corriente de pensamiento, el gesto es pensado como un intermediario entre una supuesta "interioridad", entendida como conciencia, y una "exterioridad", entendida como ser físico. Queda así planteada una visión dualista que luego pretende recomponer la unidad

---

12 Remite intencionalmente a parte del título del primer capítulo del presente libro "Proceso creador y dimensión lúdica en el arte".

13 Podría animarme y referir a estos elementos como propios de la "improvisación".

de sentido a través del apoyo en una psicología clásica que establece equivalencias entre sentimientos o realidad psíquica y su visualización a través del gesto; haciendo corresponder a cada gesto un significado unívoco.

El gesto, desde esta perspectiva, queda atrapado en una *intención descriptiva*, y en tal función se formalizan configuraciones en base a la descomposición y análisis de movimientos y posturas que se situarán como ordenadores fijos. De esta manera el *gesto figurativo* queda sometido a las articulaciones del lenguaje descriptivo verbal, lo cual implicaría, desde este marco crítico de reflexión, una *reiteración* que convierte al gesto casi en una mímica que subraya intencionalidades descriptas en un texto previo.

En reacción crítica a esta doctrina expresionista del gesto, Pavis nos presenta una corriente actual que piensa y sitúa al gesto, ya no como expresión al servicio de la comunicación de un sentido previo, sino como *productor* de sentido y significación.

Esta concepción *monista* considera al cuerpo del actor-bailarín como productor de signos y no solamente como reproductor. De esta manera el gesto se presenta como una *forma viva* que posee su propia lógica y queda ubicado como fuente y finalidad del trabajo del intérprete, y es irreductible en términos de sentimientos descifrables a través de un código fijo de pasos, movimientos y posturas.

El gesto, la actitud corporal, el movimiento, desde esta perspectiva, reúnen lo simbolizado y el símbolo en una unidad que posee su significación singular.

Pavis propone pensar el gesto en base a una oposición entre gesto *imitante* y gesto *original u originario*[14].

El gesto imitante remite a una representación realista o naturalista, donde el trabajo de interpretación apunta a reflejar el comportamiento del personaje tal cual sucede en la realidad. El gesto, la postura, la actitud, el desplazamiento del cuerpo, tienen por misión "ilustrar" procesos anímicos determinados por un texto previo. De esta manera el *efecto de realidad gestual* permite al espectador un rápido reconocimiento, apelando a sus propios referentes de usos y costumbres, presentes en la realidad cotidiana. Aquí la idea de representación está ligada a la imitación de lo real.

Las diversas búsquedas, en el contexto de las artes escénicas contemporáneas, han puesto de relieve la posibilidad de abordar el gesto como

---

14 La noción de Pavis de gesto originario sería equivalente a la noción de "gesto expresivo espontáneo", que propongo en este trabajo.

producción, apartándose de la racionalidad discursiva y poniendo en escena otras lógicas posibles.

El cuerpo del intérprete, tal como lo plantea Pavis, se resiste a la semiotización absoluta y el gesto *"conserva siempre la huella de la persona que lo ha producido"*.

La captura del modelo lingüístico

Al comienzo de este capítulo, expuse críticamente el intento de hallar un fundamento absoluto en una biología del gesto y la expresión, con el objetivo de capturar su verdad en un significado unívoco.

Pues bien, el enfoque naturalista del ser humano y del cuerpo no se presenta solo en el discurso biológico, sino también en una Antropología evolucionista, como en una Psicología conductista y en teorías estéticas clásicas que, sosteniéndose en principios deterministas, pretenden hallar equivalencias cerradas entre sentimientos y su expresión corporal-gestual.

Por su parte la lingüística clásica, en su expansión a los procesos sociales y a la esfera estética, también ha operado, como exceso, acotando la diversidad de medios de los que el ser humano dispone para significar y comunicar.

Aplicando el modelo de la lingüística a los comportamientos en la interacción y comunicación social surgen por ejemplo los estudios de Hall y Birthwistell sobre *kinesia y proxemia*. Desde esta perspectiva de enfoque lingüístico se observa como lenguaje al comportamiento kinético y espacial de los sujetos que comparten un mismo contexto social en su comunicación.

En la esfera del arte, en cambio, se plantea el debate sobre si el arte puede pensarse o no, en términos de *lenguaje articulado* –entendido como sistema o medio de comunicación– aplicando, a la esfera estética, el modelo de la lingüística.

Corrientes críticas a esta expansión de la lingüística como modelo de análisis, cuestionan que el lenguaje sea el único medio de significar y comunicar que tiene el ser humano. En su crítica plantean la diferencia entre conceptos tales como signo, símbolo, expresión y comunicación, según pensemos en el lenguaje de carácter instrumental –oral, escrito y gestual– y el decir del arte.

Así mismo, las corrientes críticas ponen de relieve los límites de un análisis semiológico aplicado a la representación escénica, ya que, como afirma Pavis, ésta no puede descomponerse en unidades mínimas, como sí puede hacerse con las lenguas naturales en fonemas y morfemas. Por lo tanto no sería posible transportar el modelo lingüístico a las artes escénicas –teatral, de Danza o performances–, afirma. No hay "unidad mínima" como eje que permita descomponer el espectáculo; esta sería una clara afirmación de Pavis.

Pavis nos dice que sobre estos y otros fundamentos se sostiene una corriente de reacción contra el análisis y la segmentación de la obra, proponiendo una desemiologización y un abordaje hermenéutico y fenomenológico que confluyen en una consideración energética del hecho escénico. Uno de los exponentes de estas perspectivas lo encontramos en Lyotard con su propuesta superadora del Teatro de los signos y su orientación hacia un Teatro de las energías.

Lo anterior nos es útil para pensar el pasaje de unas danzas de los códigos y las formas, a unas danzas de las energías, presentes en el contexto de producción contemporáneo.

Diferencias

Desde los comienzos de la ciencia que estudia los sistemas de signos quedan expuestos los conceptos centrales que permitirán un análisis del lenguaje, entendido como un *sistema de significación articulado racionalmente*.

El lenguaje nos permite representar la realidad y comunicarla. Además, el lenguaje produce pensamiento. No hay ideas preestablecidas antes del lenguaje.

Todo lenguaje implica la utilización de códigos o formas convencionalizadas que se presentan como signos. El signo es la unidad lingüística que reúne una imagen acústica o sonido (significante) con un concepto (significado). Significante y significado son dos aspectos del signo lingüístico y el sujeto no elige la relación entre ambos, sino que ello le es dado por el orden social.

El signo en el lenguaje se instala como sustituto de imágenes, ideas, percepciones y afectos.

Pero el signo en el lenguaje, aparece estableciendo una relación entre significado y significante, acotando la posibilidad de la significación múltiple, abierta y plurívoca. En su función de significar, el signo utilizado en el lenguaje común es *arbitrario* –inmotivado respecto del significado al que representa– y *convencional*, es decir sostenido en *hábitos colectivos*. El sujeto no crea relaciones singulares entre significado y significante, salvo en la dimensión poética, sino que reproduce relaciones que le son dadas y reguladas por el orden social.

M. Ivelic[15] nos dice que si bien Saussure establece diferencias entre el signo y el *uso del signo* o entre el código y el mensaje, esto no alcanzaría para explicar desde un modelo único la complejidad del *decir* artístico.

La obra de arte no se presenta bajo la forma de un sistema surgido de un principio común, previo y ordenador. La creación artística es resultante de una creación *singular* que no hace uso de signos cuyo sentido esté establecido por reglas fijas. La *búsqueda* responde a una *necesidad estética* que no se encuentra al servicio de la sintaxis.

El signo en arte, se presenta liberado de toda sujeción a una gramática basada en *reglas fijas*, y contiene en sí mismo su propio sentido. Así, el arte en el contexto contemporáneo toma caminos singulares en su dimensión creativa y se sostiene en su *autonomía* respecto de códigos previos inventando cada vez su propia significación y su propia sintaxis.

De esta manera, el signo estético no remite a otra cosa que a sí mismo, no puede entonces confundírselo como el símbolo de algo exterior a él mismo. La obra de arte en el contexto contemporáneo no se presenta en el lugar de algo que no está; no es representación sino que nos ofrece una presencia viva en el aquí y ahora, y será la *expresión* –según Dufrenne[16] en su obra *Fenomenología de la experiencia estética*– la que haga coincidir el significante con el significado.

El lenguaje, pensado como un sistema, responde a una norma preexistente, que lo estructura y ordena racionalmente en un intento de hacer "comunicable" un cierto contenido. Es el responder a normas preexistentes lo que permitirá la comprensión mutua entre los sujetos. Se organiza en base a una *necesidad lógica* a través de reglas de la gramática que permiten acceder a una cierta "precisión". Su intento es explicar.

Pero hay otros lenguajes, como el poético, que desafían toda racionalidad eludiendo su captura en el signo unívoco. Una de las distinciones del decir del arte implica que el artista *ponga en escena* su objeto, *ofreciéndolo a la sensibilidad*, en vez de dar un *discurso sobre* el objeto.

El núcleo de significación que reúne a significante y significado se revela mediante un *gesto de expresión espontánea* que trasciende todo tipo de correlación o equivalencia cerrada y/o anticipada. Ese gesto de expresión es espontáneo, es decir no estereotipado, ni intelectualizado, ni planificado con anterioridad, y por esto ligado al inconsciente, en tanto

---

15 IVELIC, M. (1998) *Curso general de Estética*. Chile: Universitaria.
16 Según refiere Ivelic en el libro mencionado.

no pasa por el control consciente y voluntario. Dicho *gesto de expresión* es recogido por el espectador iniciando un recorrido que lo lleva de la *participación* a un gesto de *interpretación*.

Comunicación en la Danza. Eludiendo el código

La comunicación en la Danza es kinestésica y su modalidad es empática. El espectador percibe en su propio cuerpo el espectáculo o la performance. La captación de la Danza activa la propiceptividad del espectador. Tal lo que afirma P. Pavis en su libro *El análisis de los espectáculos*.

Hablo de unas danzas de las energías y ya no de las formas. En tal caso, en las danzas de creación espontánea, es decir improvisadas, las formas son "emergentes", no construcciones racionalmente ordenadas y previas al movimiento mismo. Hablo de esas danzas que no codifican y moldean el movimiento sujetándolo a formas previas, donde el bailarín no reproduce significantes.

La Danza en su manifestación resuena en el cuerpo del observador sensible. Provoca ecos de experiencias pasadas –incluso más allá de los recuerdos–, convoca imágenes, produce sensaciones, despierta sentimientos y recién posteriormente esboza pensamientos. La Danza produce significación y sentido pero de un modo y por un camino diferente que el de la palabra y el lenguaje lógico lineal y racional. El bailarín ofrece significantes abiertos a la significación múltiple construida por parte de un espectador activo.

El cuerpo y sus despliegues eluden la captura de un lenguaje del cuerpo, del movimiento o del gesto. Se presenta huidizo, plurívoco, incierto y eludiendo lógicas lineales, y desde ya que podemos afirmar que no existe equivalencia cerrada entre movimiento y palabra. En la Danza el cuerpo y el movimiento se presentan como productores de sentido y no como palabra significante, convencional y arbitraria, como sucede en el lenguaje verbal.

D. Picard[17] nos dice que *"el modelo lingüístico aplicado sobre el cuerpo entiende a éste como conjunto sígnico; y a los comportamientos corporales como signos. Pero sucede que los signos corporales son ambiguos, polisémicos e imprecisos".*

Cuando despojamos al cuerpo de su gestualidad social cotidiana y entramos en la dimensión lúdico creativa, sensorial y espontánea, el

---

17 PICARD, D. (1986) *Del código al deseo.* Bs. As.: Paidós.

gesto se revela original, expresivo. Lo que se comunica con el cuerpo es lo que uno *es* o *está siendo* en ese momento.

Si hubiera un lenguaje del cuerpo éste sería, sin dudas, poético. Si hablamos de lenguaje del cuerpo y del movimiento en las Artes del Movimiento, el significante sería el gesto, la actitud, la postura o el movimiento. Pero la relación entre significado y significante no está codificada, no es cerrada y unívoca, sino abierta, múltiple, imaginaria, y por lo tanto poética.

4 // Reflexiones sobre el *danzar*

El cuerpo en Maurice Merleau-Ponty[1]

Cuando Descartes, retomando el dualismo que planteaba Platón[2], inaugura el racionalismo en el Occidente Moderno pone en escena una puja entre lo pensado y lo vivido al sobrevalorar la *res cogitans* por encima de la *res extensa*. Platón y Descartes plantean con su dualismo una posición entre el mundo ideal y el mundo material, entre la conciencia y el cuerpo, la mente y el cuerpo.

Merleau-Ponty desde su trabajo propone superar[3] el dualismo cuerpo-alma con un retorno al cuerpo, al conocimiento de sí mismo y

---

1 Para profundizar recomiendo la lectura de *Cuerpo, Arte y Percepción. Aportes para repensar la Sensopercepción como Técnica de Base de la Expresión Corporal*, UNA, DAM, 2009, GUIDO, R., capítulo V "Fenomenología de la percepción. El cuerpo en Merleau-Ponty".

2 Si bien Platón es la primera *expresión madura* de la *concepción dualista* (tanto del sujeto como ontológica), ya desde la época de Homero venía gestándose una cierta diferenciación entre *factores anímicos* y *corporales*. Mas en aquellos tiempos la incipiente idea de *alma* carecía aún de la semántica vinculada con la inmortalidad, la distinción y la pureza, que le permitirían separarse taxativamente del cuerpo. La gestación de este nuevo concepto de alma es deudora de *"influencias chamanísticas procedentes de Tracia y difundidas en Asia Menor"* que vinieron a promover un *"horror al cuerpo y una reacción contra los sentidos, completamente nuevos en Grecia"*. GARCÍA, E. (2012) *Maurice Merleau-Ponty. Filosofía, Corporalidad y Percepción*. Bs. As.: Rhesis, p. 30.

3 Respecto a los objetivos de Merleau-Ponty en torno a la *superación o no* del dualismo, es algo que divide las aguas entre sus comentadores. Solo por mencionar dos fuentes en castellano: Esteban García sostiene que *"contrariamente a lo que apresuradamente se afirma, Merleau-Ponty no sostiene que la ontología dualista sea falsa o que el cuerpo no se preste a una descripción mecánica u objetiva..."*; *"el dualismo no es simplemente falso. Es en cierto sentido verdadero que mi cuerpo funciona como una máquina ajena a mi conciencia y mi voluntad..."*. *"Pero esa no es la única ni la más primaria experiencia que tengo y puedo tener sino solo un tipo de experiencia que se ha tornado hegemónica en nuestros saberes y discursos"*. GARCÍA, E., obra citada, pp. 67-68. Por otra parte, Ariela Battán Horenstein sostiene que *"se encuentra en Merleau-Ponty explícita la inten-*

del mundo a partir de un saber sensorial, recuperando un mundo tal como lo captamos en la experiencia vivida. Primacía del cuerpo y la percepción significa dar primacía a la experiencia, a lo vivido. Desde esta postura se opone al dualismo cartesiano y a la ciencia y la epistemología basada en este paradigma.

El ser humano en Merleau-Ponty es considerado como un ser situado en el mundo gracias a su cuerpo y la conciencia es conciencia perceptiva y siempre conciencia encarnada. Merleau-Ponty plantea la idea de encarnación como la idea de cuerpo en la existencia de un sujeto situado en el mundo.

Hablar de un ser en situación implica remitirnos siempre a un sentido, a una significación, el cuerpo entonces, es para Merleau-Ponty, significación encarnada.

El cuerpo, a través de la percepción nos pone en contacto con el mundo y es la base fundante de todo conocimiento. Merleau-Ponty propone un retorno a lo vivido como origen de todo conocimiento. Su trabajo sobre la percepción ubica las raíces de la mente en el cuerpo. El conocimiento abstracto tiene su fundamento en la dimensión de lo vivido, de lo percibido. La experiencia perceptiva implica una apertura al mundo y un saber no reflexivo, sino sensorial. Conocemos en tanto que vivimos.

Merleau-Ponty pretende demostrar que el pienso se funda en el percibo; de esta manera el "pienso luego existo" cartesiano se ve invertido en un "existo, luego pienso". Para él la verdad de la experiencia vivida es una verdad. De esta manera no habría una verdad única y absoluta, sino múltiples verdades, múltiples perspectivas.

El sujeto de la percepción es en un aquí y ahora. El aquí, es el espacio corporal, espacio por excelencia que organiza todos los demás espacios. Es un espacio expresivo por excelencia que hace visible nuestras intenciones volcándolas al mundo. El ahora nos sitúa en el presente. Un tiempo en el que el pasado ya no es, y el futuro no llegó. En el presente es que hayamos las únicas certezas posibles; ubicados en el aquí y ahora.

El cuerpo, como condición de la existencia, es un constituyente. Cuerpo fenoménico que implica una apertura al mundo. La percepción implica una apertura sensorial al mundo de la vida. Conocer nuestro cuerpo implica vivirlo.

---

ción de superar el problema del dualismo tanto de conciencia y cuerpo, como de sujeto y objeto". Aunque también señalando que este intento no resultó del todo fructífero, al menos en sus primeras obras. BATTÁN HORSTEIN, A. (2004) *Hacia una fenomenología de la corporeidad*. Córdoba: Universitas, Editorial Científica Universitaria, p. 154. En este punto seguimos la interpretación de la filósofa argentina.

En tanto "conciencias encarnadas" se abre un camino para superar en nuestras vidas las consecuencias de un dualismo cartesiano, hegemónico en Occidente, que en tanto reduce el ser al pensar –proponiendo como único modelo de ese pensar al racionalismo– deja fuera al cuerpo, como asiento de la emoción, de la pasión, de la imaginación. Lo descalifica, funda razones para su disciplinamiento y lo subordina al orden racional, el cual es el parámetro alrededor del cual se organizan todas las instituciones por donde pasamos, y así construyen subjetividades, conciencias y cuerpos.

Situarnos en la percepción del mundo y de nosotros mismos poniendo en escena al cuerpo, priorizando la experiencia y legitimándola como verdad vivida, *siendo* en el aquí y ahora, volviéndonos seres más sensoriales, se presenta como un camino por donde elegimos transitar construyendo y manifestando un modo de ser y estar en el mundo.

En base a lo dicho, me permito afirmar que la Sensopercepción, tal como la planteo, se presenta como un camino que nos permite tener una experiencia del cuerpo en sintonía con el pensamiento de Merleau-Ponty en su fenomenología existencial.

El cuerpo ¿no? Miente[4]

> *El fantasma de que el cuerpo expresa una verdad que escapa al control del individuo y lo devela en su desnudez es una ilusión corriente de omnipotencia sobre el otro, propicia a las manipulaciones.*
> David Le Breton (*Las pasiones ordinarias*).

> *No mates mis demonios, porque te llevarás mis ángeles.*

Los desciframientos lineales me desagradan. Profundamente. Y podría decir que lo detecto desde la piel. Se me eriza junto con el pulso que se pone más dinámico elevando mi tono, listo para la diferenciación. Desde allí se acopla mi actividad intelectual con argumentos teóricos, filosóficos, políticos que impregnan mi vida cotidiana y le dan sentido a aquellas primeras sensaciones configurando un rechazo total. Desde lejos puedo olfatear lo presumido del intento de saberlo todo, fácilmente, sobre sí mismo y sobre el otro.

Los desciframientos lineales son fáciles, rápidos y cierran rápidamente todo interrogante, suprimiendo –aunque sea en apariencia

---
[4] Este texto fue publicado en la revista *Kiné*, N° 68, agosto 2005. Bs. As.

momentánea– la angustia de no saber y con ello resulta ser una técnica efectiva para suspender la búsqueda. Resultan funcionales al disciplinamiento ya que al matar demonios, tiran del piolín y se llevan consigo los maravillosos e irrepetibles ángeles que son su contracara.

Además puedo distinguir lo soberbio de pretender controlar el misterio y la multiplicidad de la dimensión humana sometiendo al movimiento vital a un entendimiento rápido, que facilite el control bajo la imposición solapada de un "deber ser".

Personalmente prefiero la observación abierta, el interrogante que tolera la espera de lo que tal vez nunca llegue, el desafío de internarse en la aventura de construir saberes provisorios de lo que en verdad se presenta escurridizo e inaprensible: el ser humano.

En algunos ámbitos, esos desciframientos lineales se presentan a menudo en torno al tema psique-soma, cuerpo-mente-emoción, organismo-afectividad, bajo las formas de "lectura corporal" y otros modos de interpretación que convierten al cuerpo en un texto fácilmente legible, enunciable y con ello entendible y controlable. Muchas veces hasta suspenden la palabra del sujeto porque resulta innecesaria y confusa frente a la pretendida "sabiduría" de un cuerpo que no miente y que se expresa o "habla" ante los ojos de un conocedor experto, externo al sujeto mismo.

Se olvida que para que el cuerpo "diga" es necesario un acto de interpretación y ésta se desprende de muchas variables móviles: los métodos, los instrumentos que se utilicen, las teorías previas y el lugar del observador.

En forma tácita muchas técnicas, o tal vez sea mejor decir quienes las practican, portan y transportan líneas de pensamiento recortadas y hasta de fuentes opuestas, que se reúnen sin conciliación teórica ni filosófica posible. Muchos, seguramente, sin saber que lo hacen.

Por esto me resultaba tan interesante la propuesta que en un momento circulaba por el Movimiento de Trabajadores e Investigadores Corporales para la Salud (MoTrICS) de encontrarnos para interrogar las técnicas corporales, en tanto prácticas, respecto de aquello que producen y respecto de sus fuentes y sus antecedentes tanto históricos, sociales y políticos, como filosóficos e ideológicos. Porque sepámoslo o no, aquello que hacemos en la intimidad del consultorio o en el espacio de las aulas, produce subjetividad, cuerpo, aporta a la construcción de historia.

Toda práctica –y podemos pensar lo mismo de las técnicas corporales– transporta una concepción de mundo. Aquello que somos y hacemos requiere ser revisado ya que no se funda en nosotros solamente.

Somos miembros de una cultura que, nos guste o no, se funda con la marca de un dualismo cartesiano que se revela solapado o se hace evidente a gritos, sobre todo cuando intentamos superarlo rápidamente, linealmente.

La integración cuerpo-mente-emoción y sobre todo cuando incluimos la dimensión inconsciente, no se encuentra ni en la simplificación ni en la yuxtaposición. Y mucho menos en la disolución de uno en otro. No es posible verlo –si reconocemos su maravillosa complejidad– "leyendo" su cuerpo desde un lugar fijo y desde la omnipotencia de un observador sapiente de aquello que el otro ignora. Lugar de poder, si los hay.

Determinismo del discurso biologista

El pensamiento determinista –*"heredado"* como diría Castoriadis–, se filtra históricamente y llega hasta nuestros espacios de trabajo como parte de un discurso hegemónico fundado en la ciencia médica y en el imaginario biológico.

Así, una mirada biologista, no podrá conciliarse con un discurso que proponga la "liberación creativa", u otras liberaciones –en caso de éstas ser posibles– a través del cuerpo.

Y esto es así porque el discurso biologista, determinista por excelencia, liga al hombre a una dimensión natural buscando un universal neutro que se reitera, sin considerar las condiciones de existencia del hombre en situación.

Nada nuevo me dice sobre la dimensión propiamente humana el hecho de saber que sus emociones se reflejan en un mapa cerebral. Nada me cuenta de la intensidad del amor humano la producción de endorfinas en los organismos de los enamorados.

Nada, si pretendo "entender" lo complejo de las relaciones humanas porque éstas, según creo firmemente, no están determinadas por su biología. Ésta porta en sí la estructura de lo viviente, sostiene la vida del ser, condensa la historia de la especie, pero el sujeto viviente no se mueve por determinación biológica.

El hombre, criatura simbolizante y significante de sí mismo y del mundo, desde que lo es, ha creado un mundo: mundo de representaciones, creencias, artefactos, sistemas de valores, normas ordenadoras de la relación de cada hombre consigo mismo, con el otro y con la naturaleza. Mundo significado por el lenguaje, marcado por la dimensión simbólica y dicente propia de lo humano.

Es así como el ser humano impone al mundo un orden específico constituyéndose en productor de realidad. Mundo humano que coexiste con un mundo natural pero no lo reproduce sino que lo crea de nuevo, diverso en cada tiempo y contexto y que se convierte en matriz humanizante para cada nuevo ser.

Entonces, el hombre no nace en un mundo natural y tampoco puede retornar a él. Su cuerpo vivo supera las determinaciones orgánicas, y entre contexto, pulsiones y deseos construye su historia. Claro que lo hace porque tiene un organismo vivo, que también *es* en situación.

Nacemos con un organismo en tanto dotación que nos liga a la especie. Pero este *deviene* en cuerpo ligado a la trama que lo liga al otro, a su cultura, sujeto a las representaciones compartidas y a las condiciones concretas de existencia, material y emocional.

Pretender leer el organismo no nos lleva a develar el cuerpo y el sujeto. Las neurociencias sólo nos muestran cómo se comporta el organismo de un hombre que ama o lucha, que tiene miedo o renace en la superación que le impulsa el coraje o el hartazgo, cuando pinta o escribe poesía, cuando baila o canta. Nos presentan así, los movimientos del organismo cuando el hombre **es**.

Pero nada pueden decir ni mucho menos "comprobar" de dónde le surge el amor ni el ímpetu, nada de por qué calla o dice, nada de dónde se alojan los interrogantes o los deseos. Nada nos pueden explicar de la reproducción del sometimiento en todas sus formas: los amores fáciles, la evasión del conflicto, el entendimiento liviano y cerrado.

Mucho menos pueden dar cuenta de la alquimia poética de la que el ser humano es capaz, ni de la dramática imaginaria de un gesto o la comunicación de una mirada. ¿Dónde está el que mira, dónde el que ama o el que odia?

Para el discurso determinista el destino del hombre está inscripto en su biología. De este modo, por ejemplo, sirve de sustento para quienes afirman cosas tales como: que los comportamientos diferenciados de varones y mujeres responden a causales biológicas –*los varones son más prácticos o instrumentales y las mujeres más sensibles y expresivas*–; que las conductas consideradas "antisociales" se encuentran inscriptas en el orden biológico y se transmitirían por herencia genética, de modo que habría seres "naturalmente" malos y otros naturalmente buenos. Seres biológicamente superiores y seres biológicamente inferiores. Perspectiva para la cual algunos grupos humanos se encuentran en la cúspide evolutiva –casualmente respondiendo al modelo "civilizado" del occidente capitalista– y otros se encuentran más cerca del primate en la escala, que obviamente no están capacitados para ejercer el poder y no saben apreciar el buen gusto ni lo políticamente correcto.

Y así se ordena un mundo social que ignora las construcciones culturales. Así se ordenan las relaciones entre un ser y otro, las relaciones productivas, las relaciones significantes, sustentadas en un orden económico, político, jurídico y moral. Mundo ordenado, inteligible, fácilmente enunciable, que segrega, somete, discrimina, sustentado en pretendidas diferencias "naturales" inscriptas en el organismo, es decir en el orden biológico. Orden natural del mundo que un orden social correcto refleja.

Miradas omnipotentes

Cuando este orden se infiltra –supongamos– en el interior de nuestra práctica profesional se disfraza con máscara de buena intención y nos convierte en funcionales, en reproductivos de aquello que nos propusimos transformar. Nos neutraliza. *Nos neutralizamos* cada vez que le decimos al otro cómo debe ser corporalmente, reduciéndolo a la posición de sus rodillas. O cuando le contamos su historia –nosotros– "leyéndole" el pecho hundido o la giba en la espalda. Mucho más cuando le mostramos como amenaza lo mucho que se desgasta o desequilibra el organismo cuando uno vive la amplia gama de afectos que propone la existencia.

La palabra salud se presenta con la altivez inalcanzable de la reina de Inglaterra y la consigna se convierte en lema de vida: estar relajado, centrado, en eje, con la nuca alineada, los isquiones al piso, la cabeza proyectada hacia arriba. Serenos, con temple, casi tibios. Suprimir las tensiones, no encolerizarse, no amar desenfadadamente, no fumar, no correr, no alterarse, no andar recorriendo los extremos. La paradoja se hace presente cuando se nos propone que andemos *naturalmente* por un medio que es producción humana, es decir social y cultural.

La consigna fuera del espacio de trabajo se convierte en un nuevo "tu debes ser" que resulta muy sospechoso por lo enmascarante y ordenador. Por lo silencioso que te hace andar en la vida, perfil bajo sin exaltaciones. Como mirada persecutoria que se internaliza, se revela como un nuevo modo del modelo panóptico, versión *light*, pero poderosamente eficaz.

La mirada "del que sabe" se vuelve lugar de control ante el *slogan* que afirma contundente que "el cuerpo no miente".

Yo conozco muchos cuerpos mentirosos: cuerpos flexibles de sujetos rígidos, o blanditos en personas fuertes. Rostros que sonríen –porque aprendieron bien– con bocas que quisieran morder, respiraciones relajándose en momentos de alta tensión y manos abiertas en quienes en verdad no pueden dar.

¡Cuántos hemos visto avanzar esos cuerpos fuertes y poderosos que inspiran temor aunque sepamos que ocultan sujetos débiles, cobardes y miserables!

Del mismo modo la herencia griega que constituye un imaginario del cuerpo en occidente, que nos guía en la sentencia de "mente sana en cuerpo sano", se convierte muchas veces en un elemento rector de las técnicas corporales.

Sin embargo, su pretendida categoría de verdad queda cuestionada cuando la realidad me muestra mentes enfermas en cuerpos sanos y por el contrario cuando me alegro de ver mentes y emociones sanas en cuerpos enfermos o discapacitados que se manifiestan plenos como un ser en el mundo.

¿Qué nos dirían las lecturas simplistas y lineales del cuerpo enfermo y doliente de Frida Khalo, Nietzsche o Artaud? ¿Dónde se encarna la potencia y lucidez de estos sujetos?

El cuerpo a veces miente. Miente cuando me lleva a donde no quiero ir, cuando la boca del que quiere gritar se cierra, cuando las piernas tiemblan ante lo que sin embargo se espera y anhela o cuando pierde la reacción vital de ponerse de pie ante lo que amenaza su existencia.

Y en otras ocasiones, gracias a esa dúctil capacidad de "mentir" es que el actor o el bailarín prestan su cuerpo para que "otro", a veces muy opuesto a la persona del intérprete, se haga presente y nos genere la experiencia de que el personaje en cuestión está allí, manifestándose ante nosotros gracias a una "buena interpretación" donde el cuerpo se expone como espacio escénico donde se construye el personaje.

¿Hacia un cuerpo descifrado?

No me gusta la noción infiltrada de cuerpo máquina, cuerpo previsible, o que no miente. Un cuerpo así de inteligible como diría Foucault se convierte en cuerpo útil, cuerpo descifrado bajo el prisma de una anatomía política.

Entiendo: las mentiras piadosas nos tranquilizan, nos dejan creer que caminamos sobre terreno firme. Sin embargo, el cuerpo es ambiguo, escurridizo, inestable, difícil de aprehender, elude la captura.

Tal como nos dice Sara Paín: *"El organismo se domestica, se acostumbra, se medica; el cuerpo ensaya, se equivoca, se corrige, aprende... Es el cuerpo el que gesticula y el que sonríe, el que puede ser alabado o violado".*

El organismo, nos dice, funciona. En todo caso emite señales. Para que el cuerpo *diga* es imprescindible la conversión de esas señales en signos y eso sólo es posible gracias a la actividad simbolizante y significante de un sujeto del lenguaje y de la interpretación. Como dice S. Paín, *"el organismo funciona, el cuerpo es la elaboración significante de ese funcionamiento"*. Y como ya sabemos, no hay interpretaciones únicas que tengan el privilegio de capturar la verdad. Cada interpretación revela el lugar del intérprete, su postura en el mundo y su concepción del ser humano.

La naturaleza no "habla" –por lo tanto no dice ni verdades ni mentiras–, solo el ser humano lo hace.

Disculpen la molestia.

Otras voces

En *La estructura del comportamiento*, el filósofo francés Merleau-Ponty dice que la visión biologista del cuerpo se equivoca al plantearse como una verdad absoluta. Es sólo una representación posible entre otras y él cuestiona el valor de verdad de dicha representación:

> Las reacciones de un organismo –afirma– sólo son comprensibles... si se las piensa, no como contracciones musculares que se desarrollan en un cuerpo, sino como actos que se dirigen a un cierto medio, presente o virtual... Es decir que el 'organismo' es una expresión equívoca. El organismo entendido como un segmento de la materia, como una reunión de partes reales yuxtapuestas en el espacio y existentes unas fuera de las otras, como una suma de acciones físicas y químicas... ¿Es éste el organismo verdadero, la única representación objetiva del organismo?

En *Antropología del dolor* D. Le Breton nos demuestra cómo la experiencia del dolor es significada, y con ello vivida, de modo diferente según los contextos culturales a los que el sujeto pertenezca. Así la experiencia del dolor estará ligada en algunos casos al sacrificio, a la limpieza de pecados, al castigo o a valores estoicos, según cada contexto. Esto hace que no exista posibilidad de considerar "objetivamente" ninguna sensación. *"La anatomía y la fisiología* –nos dice– *no bastan para explicar estas variaciones sociales, culturales personales e incluso contextuales"*.

En su libro *La génesis del inconsciente* Sara Paín dice que para salir del dualismo organismo-psiquismo, la distinción entre las nociones de *cuerpo* y *organismo* es fundamental:

El organismo –afirma– puede definirse fundamentalmente como programación. La sabiduría del organismo está asentada sobre la morfología anatómica de los distintos órganos. El funcionamiento se produce por una serie jerarquizada e integrada de comportamientos desencadenados por signos exteroceptivos e interoceptivos. Tales 'cepciones' se producen la mayor parte del tiempo sin la intervención de la conciencia y las reacciones orgánicas no son controlables por el sujeto, ya sea el monto de adrenalina en la sangre o la adaptación retiniana a la entrada de la luz.

En cambio, para hablarnos del cuerpo nos dice:

Este cuerpo que se exalta, se excita y se agota, se define por un sistema diferente del biológico. Este último incluye exclusivamente al organismo y sus regulaciones... El cuerpo, en cambio, pertenece al sujeto y se constituye al mismo tiempo que él... El cuerpo es un sistema significante que se instaura por las diferencias que el placer provoca en el sistema neutro del organismo... El organismo funciona, el cuerpo es la elaboración significante de ese funcionamiento.

Por su parte, Le Breton agrega:

No hay una naturaleza que se exprese en él [cuerpo...], sino una cierta manera de develarse y sustraerse a través de los signos. Dividido por el inconsciente, el hombre jamás controla por completo lo que realmente deja ver en sus rasgos o actitudes. Y la mirada del otro no es tampoco una naturaleza que separe de la cizaña el buen grano de una verdad expresiva que haya escapado al individuo. Este está expuesto a la ambigüedad, a los malos entendidos nacido[s] de la proyección imaginaria de los otros en los sentimientos que se le atribuye haber mostrado sin saberlo, o los que quiso disimular (D. Le Breton, *Las pasiones ordinarias*).

Trazos y perfiles de la Expresión Corporal[5]

La Expresión Corporal se hace escurridiza a la hora de su aprehensión teórica. Se presenta compleja, diversa, difícil de aprehender en una sola mirada. Es necesario aproximarse, ubicarse en diferentes perspectivas, rodear el objeto para construir una captación del mismo.

En un contexto contemporáneo que abre su pensamiento frente a las diversas manifestaciones de la Danza, asume sus nuevos interrogantes, enfatiza nuevas búsquedas centradas en la performance, la improvisación, la sensibilización y presencia corporal, la Expresión Corporal nos

---

5   Publicado en revista *Kiné*, N° 88, agosto 2009. Bs. As.

demanda un acto de reflexiones compartidas y de puesta en palabras que encarnen el camino de la corporeidad y la Danza que proponemos.

Poniendo palabra

Lo específico de mi propuesta en la Expresión Corporal se centra en el camino del "habitar el cuerpo" y de esta manera ponerlo en disponibilidad para que el flujo del movimiento encarne y despliegue energías, imágenes, sensaciones y emociones en un devenir de entrega a lo espontáneo. Se producen así unas danzas como acontecimientos irrepetibles, danzas efímeras. Lo espontáneo surge del centramiento en el aquí y ahora que deviene en Danza habitando el espacio y la duración. El objetivo es estar presente. En la duración, en el momento en que nace y deviene un movimiento, un gesto, una escena, una dramática.

Hay una cierta manera de provocar la sensibilidad corporal que tiene la Expresión Corporal que promueve una presencia del ser y de esta manera asumimos la propuesta de una presencia *para* ser en la Danza. La presencia se da, también, como un modo de estar en la escena. La presencia del bailarín revela su ser y estar ahí.

La Expresión Corporal en este sentido puede ser pensada en torno a una estética de la experiencia, surgida de un "habitar" el cuerpo, el tiempo, el espacio y el medio vital y social.

Se danza *en* el cuerpo y no *con* él.

Cuerpo y movimiento

La Sensopercepción, técnica de base de la Expresión Corporal, convierte a la conciencia corporal y kinestésica en técnicas del movimiento. Y pienso en la conciencia en su rol de testigo. No controla, sino que abre espacios, observa, interroga. Conciencia sensorial. Conciencia perceptiva.Conciencia basada en la experiencia.

En el trabajo sobre el movimiento nos proponemos despertar la presencia a través de una sensibilidad cenestésica, kinestésica y postural, integrado a lo emocional e imaginario.

No nos limitamos a la dimensión anatomofisiológica funcional del movimiento. Hablamos de un movimiento que despierta, ilumina, despliega.

Provocamos un estado de la sensibilidad y la conciencia que permite abrir espacios interiores en todas sus dimensiones posibles situándonos en el mundo a través del movimiento, el gesto, la postura, la actitud, la temporalidad del gesto y del movimiento y el uso de la energía en relaciones diversas con la fuerza de gravedad.

Así resulta propio de la Expresión Corporal proponer un trabajo con el movimiento que involucre al sujeto en integridad, en relación sensorial con el mundo.

Aquí y ahora

El abordaje sensoperceptivo y creativo, centrado en la exploración, en el aquí y ahora sensorial, en la búsqueda errática y en la improvisación nos ubica en el acontecimiento del instante con presencia en el presente.

El movimiento exploratorio es errático, no tiene más objetivo que seguirse a sí mismo y en ese acto devenir, transformarse. El movimiento elevado a su dimensión gratuita no tiene objetivo; es lúdico por excelencia.

Así mismo, el movimiento desligado de toda pretensión expresiva puede producir emociones despegadas de sentimentalidades específicas y de ideas previas. Con la percepción abierta y en el tejido sujeto-mundo, el cuerpo expresa lo que la persona *es* en ese instante.

Un movimiento así planteado posibilita abrir lugares del pensamiento y del cuerpo habilitando su despliegue complejo y genuino. Entonces, el movimiento surge de la indagación sensible del propio cuerpo y del entorno en un sujeto situado en el mundo. Y no se trata de improvisar para luego fijar pasos y secuencias... Más bien se trata de abrir espacios y fundar territorios a explorar, donde la conciencia es "testigo" de las danzas emergentes y fugaces, ligadas al instante. Ni los modelos corporales ni los movimientos, quedan fijados definitivamente.

Encontrar en el *momento* un lugar fértil para sembrar y florecer en efímeros frutos. Danzar en el instante. El *momento* como el tiempo donde devienen las danzas. Un tiempo que no se mide, sino que se vive. La propuesta entonces, nos lleva a ser y estar donde suceden las danzas.

La crítica a la representación es crítica al código y al signo de algo que no está. El performer no interpreta ningún papel, ni idea previa, ni algo que no está, sino que se mantiene presente, en el aquí y ahora de la escena, desplegando una performance que solo refiere a sí misma. Lo mismo sucede para el caso de la improvisación en la creación de danzas espontáneas.

La Expresión Corporal propone ser y estar en la escena, presente en el aquí y ahora; siendo ante y entre el otro.

Acerca de la especificidad del entrenamiento

Las formas danzas escénicas de Occidente, incluso muchas de las contemporáneas, basan su entrenamiento motor en el automatismo gestual, lo cual implica la adquisición de esquemas de movimiento, secuenciados, fijados en el tiempo y el espacio, aprendidos a través de la repetición mecánica, sin participación de la sensibilidad, ni de la conciencia corporal, ni de la subjetividad del bailarín y basados en la imitación de un modelo dado por el docente. Así el movimiento se encuentra atrapado en códigos cerrados y solo circula mediante automatismos por un camino prefijado de antemano. Un movimiento previamente segmentado y fijado en tiempo y espacio a través del ejercicio centrado en la repetición exacta del modelo. Una verdadera disciplina.

Cuanto más cerrado es el código, menor es la participación del sujeto. Cuanto más automatizado está el movimiento menor es su potencia imaginaria. Cuando descartamos el componente imaginario solo nos queda la mecánica del movimiento.

La Expresión Corporal, en su especificidad, basa el entrenamiento psicomotriz y psicotónico en la sensibilidad y conciencia corporal y se propone como una búsqueda, que al fin se configurará en la Imagen Corporal que despliega su poética en el movimiento danzado espontáneamente.

La Sensopercepción debe integrar el trabajo de la conciencia corporal con el despliegue poético, de lo contrario se vería limitada a una "anatomía vivenciada" o a una "gimnasia consciente". El despliegue imaginario va ligado al trabajo de la percepción del propio cuerpo en movimiento.

La Sensopercepción, como técnica particular de la Expresión Corporal, apunta al desarrollo de una conciencia corporal basada en la apertura sensible, física y poética a la vez; nunca repetible, siempre espontánea; sin modelo, centrada en la experiencia exploratoria de la relación sujeto-mundo, que requiere de presencia en el aquí y ahora, situados con nuestro cuerpo en el mundo. El tránsito está centrado en la improvisación y en la "búsqueda" del movimiento lúdico-creativo-sensible-consciente.

Los caminos son muy diferentes a los utilizados en la fijación de esquemas de movimiento. Se improvisa como camino en la apertura de la sensibilidad corporal para construir una presencia consciente de sí mismo a través del cuerpo. Se improvisa en la búsqueda exploratoria del movimiento sensible en los aprendizajes motores. Se improvisa en el despliegue poético y creativo. Se improvisa en la Danza.

La improvisación

La Danza de la Expresión Corporal no codifica el movimiento; no lo segmenta, ni secuencia, ni fija en el tiempo y el espacio para su aprendizaje e internalización, como lo hacen las metodologías para los aprendizajes por automatización. Tampoco forja modelos. Esta es una de las formas de Danza que no trabaja con códigos prefijados con anterioridad. El entrenamiento apunta a lograr la plena presencia del sujeto ante el suceso mismo de cada despliegue del movimiento, como en cada estado de quietud.

La improvisación siempre está presente en la acción del bailarín de Expresión Corporal, como una apropiación de sí mismo, del tiempo, del espacio y de la energía.

Ella permite la exploración del cuerpo y la subjetividad donde se entraman el orden imaginario[6], con la dimensión biológica y sociocultural. El cuerpo, como encarnación de un sujeto deseante, despliega en su motricidad, su gestualidad y su imagen, un flujo entramado de energías, imágenes, percepciones, emociones y movimientos, que encarnan en las danzas emergentes, espontáneas, que implican la subjetividad.

La Expresión Corporal nos entrena en el aquí y ahora a través de la improvisación. Centrada en la búsqueda errática, erótica y espontánea, la improvisación se presenta tanto en el tránsito sensoperceptivo –a través de búsquedas exploratorias–, como en los procesos de producción creativa, la performance, o la composición de la obra.

La creatividad se despliega en el acto de improvisar en organizaciones provisorias y poéticas, de lógicas no lineales y voces múltiples. El cuerpo encarnado en el tiempo y espacio de su "estar ahí" se despliega en cada movimiento, en cada gesto, en cada actitud espontánea; en una performance sensible y poética.

Sensopercepción: una técnica sensorial para la Danza[7]

La Expresión Corporal es una forma de Danza centrada en las percepciones de un cuerpo entendido no solo como organismo sino como encarnación de un sujeto situado en el mundo; la conciencia corporal

---

6 Cuando me refiero a la dimensión imaginaria en todo este libro no lo hago en el sentido que le da Lacán sino en el que voy exponiendo a lo largo del texto.

7 Algunos fragmentos de este texto fueron tomados de mi libro *Cuerpo, Arte y Percepción. Aportes para repensar la Sensopercepción como Técnica de Base de la Expresión Corporal*, IUNA, DAM, 2009.

y la improvisación que nos ubican siendo en el aquí y ahora. Improvisación que se da como camino, tanto en las fases de exploración del cuerpo en movimiento, para abrir o despertar una sensibilidad que dé lugar a una presencia diferente al danzar, como en los momentos de producción, construcción creativa y despliegue poético. Tomando este camino y esta interpretación de la Expresión Corporal apuntamos a la creación de danzas espontáneas centradas en la percepción del propio cuerpo "situado en el mundo", al decir de Merleau-Ponty, que despliega su poética en la Danza.

Patricia Stokoe creó una Expresión Corporal que permanece viva, latiendo, vibrando cada vez. Creó algo destinado a estar en movimiento, a no petrificarse. Cada docente, cada practicante de la Expresión Corporal realiza una experiencia singular que sintetiza experiencias anteriores y miradas presentes, a través de lo cual le da una significación y una materialización posible. De ese modo Patricia Stokoe creó la Expresión Corporal y la mantuvo en movimiento, siguiendo la orientación de sus propios intereses, creando síntesis personales y singulares ligadas a su época. Siguiendo este camino podemos observar múltiples maneras de entender la Expresión Corporal y la Sensopercepción y también de dar clases o construir Danza.

Todo está en movimiento

La Expresión Corporal no es una práctica petrificada, conservada y reproducida, ignorando la importancia de estar entramados a nuestro tiempo histórico y a nuestro contexto. La Expresión Corporal es una práctica destinada a estar viva, en transformación, multiplicándose.

Los cuerpos, de los estudiantes, practicantes y profesionales cambian. El cuerpo no es el mismo de un momento a otro, de una época histórica a otra. Los intereses también cambian. Las prácticas corporales proponen experiencias corporales, no automatismos nuevos, y aparecen nuevas síntesis, nuevos abordajes del cuerpo para la Danza que orientan nuevas experiencias del bailarín.

En la Expresión Corporal los fundamentos, las reflexiones y la práctica misma, tampoco se mantienen petrificados desde su creación en 1950. El contexto contemporáneo permite un diálogo y articulación de saberes de distintos campos. La Antropología, la Sociología, la Filosofía hoy se interrogan sobre el cuerpo y lo toman como objeto de investigación y reflexión, replanteando metodologías y competencias. Emprenden, entonces, investigaciones sobre el cuerpo y sus producciones. De este modo hoy tenemos una Antropología de los Sentidos, una Antropología del Cuerpo, Sociología del Cuerpo, Filosofía del Cuerpo. Estos nuevos campos que se abren en la actualidad producen nuevos saberes, presentan nuevas perspectivas para pensar el cuerpo y la Danza, y la Expresión Corporal los debe tener en cuenta para entrar en diálogo –ubicándonos en el contexto contemporáneo– con otros campos del saber interesados en el cuerpo y la Danza. Hablando de la Danza, desde adentro de la Danza.

Una técnica sensorial para la Danza

La Sensopercepción es, al decir de su creadora Patricia Stokoe, la técnica de base de la Expresión Corporal para los entrenamientos posturales, motores, expresivos y creativos. De modo tal que no puede limitársela a una conciencia anatómica o anatomía vivenciada. La Sensopercepción abarca todos los procesos del entrenamiento del bailarín de Expresión Corporal, incluyendo las percepciones corporales en los procesos creadores.

Patricia Stokoe nos dice:

> El desarrollo sensoperceptivo es la unidad de la Expresión Corporal, de aquí parten los caminos del desarrollo de técnicas adecuadas para el despliegue del movimiento, la creatividad y la comunicación, los tres materiales que se encuentran en la Expresión Corporal[8].

Es decir, la Sensopercepción, no solo apunta a la conciencia corporal y kinestésica, sino a los procesos de producción creativa, trabajando con imágenes sensoriales para el despliegue poético en la Danza. Este es el punto de lo dicho por Patricia Stokoe en el que me apoyo y profundizo desde hace mas de treinta años.

Definida desde un enfoque neurofisiológico, Sensopercepción es *"el registro consciente de la realidad tal cual se presenta ante los sentidos en el interior del psiquismo"*.

El enfoque biológico por sí solo no alcanza para dar cuenta de la complejidad de la dimensión humana y por ende de la corporeidad. Nos hacen falta otros paradigmas (interpretacionistas, constructivistas, de la complejidad) y otros enfoques disciplinares. Por esto proponemos articular otros enfoques que nos permitan configurar una plataforma para pensar el cuerpo, la percepción, el sujeto, el ser humano y sus producciones desde una perspectiva multirreferencial. Enfoques: psico-

---

8   Citado por KALMAR, D. (2005) *Qué es la Expresión Corporal*. Bs. As.: Lumen.

lógico, sociológico, antropológico, filosófico, estético, político, histórico, entre otros posibles.

Para una mejor comprensión se hace necesario volver a distinguir los conceptos de cuerpo y organismo. Repasemos. Este último da cuenta de la especie y contiene en sí el registro genético de la historia de su evolución filogenética en los procesos de *hominización*. Es lo dado por la naturaleza. Es neutro y universal; el mismo para toda la especie. El cuerpo, en cambio, se construye por un sistema diferente del biológico. Da cuenta de la historia del sujeto y sus contextos socioculturales e históricos, porque no es lo "dado", sino que se *construye* en una matriz vincular, sociocultural e histórica mediada por el lenguaje, propio de los procesos de *humanización*. Es dinámico, variable según los contextos, singular y habla del sujeto.

Como técnica de la Expresión Corporal, la Sensopercepción trabaja sobre el cuerpo los entrenamientos sensibles-motores, expresivos y creativos para la Danza, basados en las conciencias corporal y kinestésica centradas en las percepciones del propio cuerpo que nos ubican con presencia en el aquí y ahora. De esta manera podemos decir que es una *técnica sensorial para la Danza* que incluye el despliegue poético –kinestésico y corporal (gestual, dramático, imagen corporal)– en la trama que reúne sensaciones con imágenes y emociones y éstas con movimientos, gestos, posturas, actitudes. Se despliegan así contenidos que habitan la memoria y aun lo que no llega a ella y viven en el inconsciente de un sujeto encarnado en su corporeidad. Y se despliegan entramados al movimiento en una dimensión simbólica e imaginaria –que podemos llamar *poética*– y que se presentifica desde la corporeidad danzante. De modo tal que nada debe ser "agregado" al movimiento para que éste sea expresivo, porque, como dice G. Alexander, *"el movimiento expresa lo que la persona es en ese momento"*[9].

Hacia una conciencia sensorial

Gracias a la Sensopercepción, la Expresión Corporal propone una experiencia fenomenológica del cuerpo. Uno de sus principales objetivos es despertar la conciencia corporal por el camino sensorial para habilitar la experiencia de estar presente, habitando el cuerpo en el mundo.

La percepción –sobre todo del propio cuerpo– nos ubica en el *aquí y ahora*, porque el estímulo está presente. La Sensopercepción nos entrena

---

9 *Conversciones con Gerda Alexander*, obra citada.

en el *aquí y ahora* abriendo caminos para la improvisación y la creación de danzas espontáneas, composición instantánea o composición en tiempo real.

Atención en el presente. Al ubicarnos en el *aquí y ahora*, la Sensopercepción nos entrena para ubicarnos con presencia en el presente.

La propuesta de la Sensopercepción como técnica propone un "desocultamiento" del cuerpo; pretende hacerlo presente en los pequeños y grandes actos de este ser en el mundo que es el humano. Implica un salirse del uso cotidiano, adormecido en lo habitual, generando un espacio y un tiempo para ubicarse con presencia en la experiencia vivida.

Ubicados danzando en el aquí y ahora de la percepción, las formas emergen azarosas y espontáneas, sin pasar por la construcción articulada conscientemente; provienen, por lo tanto, como configuraciones poéticas del inconsciente.

La Sensopercepción, como técnica de base de la Expresión Corporal, va de la conciencia del cuerpo, en reposo y en movimiento, al despliegue poético en la Danza.

Asimismo, como técnica de base de la Expresión Corporal queda encuadrada como una experiencia orientada en un sentido progresivo en tanto es propuesta como un aprendizaje. La práctica prevé fases: despertar –sostenido en la *exploración* del cuerpo en movimiento y en quietud–, repaso y profundización, internalización, que en un sentido progresivo sostiene como eje la noción de cuerpo ligada al sentimiento de mismidad que permite al sujeto ser creador e intérprete de sus propias danzas singulares.

Sus objetos variarán, desde la estructura osteomuscular, el registro de piel, órganos internos, localización y apropiación del espacio tridimensional del cuerpo, dominios motrices, grados de esfuerzos musculares con variación en tiempo y espacio, relación consciente con la fuerza de gravedad, percepción y representación mental del esqueleto en quietud, en movimiento y como motor del movimiento –entre otros– reunidas en la percepción del propio cuerpo y la construcción de su imagen, siempre en interacción con el mundo.

La Sensopercepción entrena los aprendizajes motores, las habilidades y destrezas del movimiento, proponiendo el camino de *la exploración lúdico creativa del movimiento sensible consciente.*

En su aplicación para el entrenamiento y desarrollo de habilidades y destrezas motoras, la Sensopercepción trabaja en forma integral, sin disociar al sujeto de su cuerpo, sino más bien sabiéndolos entramados de manera fundante y recíproca. Considerando al movimiento en su unidad psicomotriz y psicotónica, desarrolla potenciales de habilidades motoras sobre la base de considerar al cuerpo como órgano de la expresión y encarnación del sujeto.

Sensorialidad, motricidad y emoción se ligan en una trama indisoluble que funciona como telón de fondo de nuestra vida. Al proponer un focalizar en estas experiencias, y darles un espacio y un tiempo para centrarnos en ellas, surgen imágenes y emociones que forman parte del registro de nuestra historia, encarnada en el cuerpo. De este modo la Sensopercepción convoca a beber de una fuente íntima y profunda, rica en registros, que se convierten en el material que devendrá en hecho artístico.

La Sensopercepción propone recuperar, ampliar y profundizar la experiencia sensorial sobre la que se sustenta un saber –de sí mismo y del mundo– surgido de la experiencia directa –es decir sensorial–; para luego producir palabra, pensamiento, reflexión; y fundar conocimiento a través de la percepción.

Sus alcances llegan hasta lo más íntimo del sujeto. Su dirección es singular: despertar la potencia del deseo y provocar su despliegue poético y estético en las Artes del Movimiento superando caminos y modelos hegemónicos de la Danza y la cultura.

La Sensopercepción va de la conciencia corporal y kinestésica (peso, espacio tridimensional del cuerpo, periferia, piel, espacios internos, localización de las partes e integración en un todo, huesos, músculos, movimiento, energía, fuerza de gravedad, temporalidad del movimiento), al despliegue poético donde se produce la asociación de sensaciones, imágenes, emociones y movimientos que se articulan en una red, entre lo presente y lo pasado vivido. Como dice Michel Bernard en *Nouvelles de Danse*, *"el imaginario está en la sensación"*. De modo tal que podemos afirmar que situados en las sensaciones corporales, estas se asocian con una dimensión imaginaria que se despliega en los gestos, las posturas, las actitudes, el movimiento, deviniendo en Danza y produciendo nuevos modos de creación.

Tenemos sensaciones corporales desde tempranas etapas fetales. Luego, al nacer, somos seres sensoriales. Las imágenes sensoriales quedan como huellas en el inconsciente y se asocian a percepciones presentes en un juego de asociación libre, lúdica y espontánea y se revelan en un discurso inarticulado –propio del inconsciente– de imágenes, sensaciones, movimientos y emociones.

Anton Eherenzweig[10] nos habla de *percepciones arcaicas*. Nos dice de ellas que *"sobreviven en estado durmiente en un nivel inferior del funcionamiento mental o fisiológico"* y que estas pueden despertarse, siempre que las funciones superiores dejen de funcionar; concibiendo a todo acto de creatividad como la suspensión de las funciones superiores y la reactivación de las funciones arcaicas. El proceso de creación a partir de este nivel implica también un proceso posterior de traducción que permita el pasaje de un nivel a otro, lo cual implica construir estructuras más diferenciadas que la mente consciente puede captar. *"El artista forcejea* –nos dice– *con su inarticulada visión inspiradora para moldearla en formas más articuladas"*.

Si consideramos que las experiencias actuales, las sensaciones actuales, se relacionan con las del pasado vivido y por ende experimentado, cuya inscripción porta el cuerpo como registro de la historia del sujeto, podemos hallar en este razonamiento un fundamento para la idea de despliegue imaginario, y por ende inconsciente del cuerpo. En las danzas sensoriales, donde el gesto y el movimiento, la imagen, la escena, surgen sin planificación previa, ni racionalización, ni intelectualización –sino que son espontáneos y no pasan por el control consciente y voluntario–, se produce un despliegue del inconsciente.

El cuerpo, entonces, puede ser entendido como un espacio escénico donde se juega una dramática inconsciente del sujeto, que se despliega en la Danza, presentificándose y encarnando en cada gesto, movimiento, postura, actitud.

Cuando hablamos de "despliegue poético" hablamos de despliegue imaginario a partir de la sensación y de las percepciones corporales, que convierte a la conciencia corporal y kinestésica en *Danza*. De esta manera podemos afirmar que la Sensopercepción nos conduce al despliegue imaginario a partir de las percepciones corporales ligando en una trama sensaciones, con imágenes, emociones, posturas, actitudes y movimientos de manera espontánea. Es decir improvisando. Así llegamos a las danzas de creación espontánea, donde se pone en escena un despliegue imaginario, poético y singular, a partir de las percepciones corporales de una corporeidad situada en el mundo y en el aquí y ahora. M. Bernard nos dice que *"lo imaginario es el motor profundo de la sensación, y por eso mismo, el motor de la Danza"*[11].

---

10 EHRENZWEIG, A. (1975) *Psicoanáisis de la percepción*. Mardid: Gilli.

11 Citado por BARDET, M. (2012) *Pensar con mover*. Bs. As.: Cactus.

El docente es *creador de mundos*, en la medida en que crea situaciones para que el otro experimente en un tránsito singular. El practicante es *un buscador* que asume el coraje de internarse en una verdadera aventura, soltando la brújula que lo orienta en lo habitual, para retornar a la superficie con un tesoro nuevo cada vez, del cual deberá apropiarse. Hablamos de hallazgos de imágenes, gestos, movimientos, energías, relaciones con las leyes físicas y encuentros con el otro, con el mundo de los objetos y la producción de sentido.

La Sensopercepción como técnica propone un camino de apertura sensorial tal, que coloca al ser humano en la posibilidad siempre renovada de hallar nuevas verdades, de desocultar lo silenciado legitimando su capacidad de dar nuevas formas, fundar nuevo orden y otorgar sentido.

La Sensopercepción propone la conciencia corporal y kinestésica como técnicas del movimiento centradas en las percepciones del cuerpo, el espacio, el tiempo, la energía, la fuerza de gravedad, en la Danza a partir de la presencia del sujeto en el aquí y ahora de la percepción. En tanto técnica extracotidiana, propone una experiencia corporal que desafía nuestros hábitos perceptivos de la vida cotidiana, generando una ruptura que a la vez desafía nuestros puntos de referencia y exige la reacomodación de nuestra sensibilidad.

Intervenir sobre la percepción no es un hecho ingenuo. Es a partir de la percepción que construimos una interpretación de nosotros mismos y del mundo. Existe una política de la percepción y un régimen de lo sensible. Los modelos sensoriales adquiridos en la vida cotidiana nos ofrecen marcos de interpretación y de significación de nuestra experiencia en el mundo. Por lo tanto podemos afirmar que la Sensopercepción genera autonomía en el sujeto diluyendo bloqueos y estereotipos, dando lugar a la emergencia de lo nuevo.

La Sensopercepción comparte con otras técnicas llamadas "conscientes" (Eutonía, Feldenkrais) –que han sido de influencia fundante en la Expresión Corporal de Patricia Stokoe–, la búsqueda del desarrollo de la conciencia corporal. Difieren, en cambio, en los modos de abordar y construir esa conciencia corporal y en el hecho de que en la Sensopercepción se incluye el despliegue poético y kinestésico *para la Danza*. Es una técnica sensorial *para la Danza* que incluye el abordaje de lo creativo. Mientras que las técnicas conscientes apuntan a la salud, exclusivamente. Además las técnicas conscientes apuntan al desarrollo del Esquema Corporal. La Sensopercepción, si bien apunta a la construcción de dicho esquema, apunta sobre todo a la Imagen Corporal y la Imagen Inconsciente del cuerpo y su despliegue poético para la Danza.

La Expresión Corporal desde su abordaje sensorial de la Danza, no va tras las formas ni los argumentos previos. Nos permite danzar la vida imaginaria en danzas de creación espontánea.

La Sensopercepción nos vuelve seres más sensoriales.

Ésta misma es la que surge de mi enfoque sustentado en mi práctica personal y profesional y en la búsqueda de sus fundamentos teóricos.

Expresión Corporal: de la Sensopercepción al despliegue poético[12]

La Expresión Corporal es una práctica dentro de la Danza que promueve una cierta actitud al danzar y un modo diferente de entrenar al cuerpo. Es una Danza centrada en las percepciones corporales y en la improvisación como método, tanto para los entrenamientos motores como expresivos-creativos.

La Sensopercepción tiene un fundamento neurofisiológico y apunta a la salud. Pero, desde mi enfoque, afirmo que éste planteado de manera única no es suficiente.

Dada la complejidad de la corporeidad y dado que no hablamos solo de organismos sino de cuerpos –lo cual implica considerar los atravesamientos socioculturales, simbólicos, políticos, históricos–, el enfoque neurofisiológico no alcanza. Y dado que hablamos de Danza, tampoco alcanza.

El modelo neurofisiológico utiliza un modelo físico-químico y matemático que se encuentra imposibilitado para hablar del despliegue poético del cuerpo, de una emoción encarnada en un gesto o del despliegue de imágenes en el movimiento.

Yo abordo la Sensopercepción incluyendo el despliegue poético y creativo para la Danza, con un marco multirreferencial (enfoques filosófico, sociocultural, histórico, psicológico, biológico, político y estético) que la avale, que le permita superar los enfoques biologicistas y la salud (*movimiento saludable, postura saludable*) como objetivo único.

Para mi criterio la Sensopercepción no puede limitarse a ser una anatomía vivenciada y de ejercicios para el movimiento y la postura saludables. La Sensopercepción, tal como la abordo, es un espacio para la concientización en un camino de exploración lúdica, creativa y sensible.

A la inversa, desde la Sensopercepción abordo el depliegue creativo y poético para la Danza. Incluyo el trabajo expresivo que implica la aso-

---

12 Publicado en revista *Kiné*, N° 93, agosto 2010. Bs. As.

ciación, no siempre consciente, de lo emocional, en su ser energético, ligado al despliegue de imágenes poéticas con la Imagen Corporal y el movimiento, en una corporeidad sensible y consciente cuyo despliegue imaginario va ligado al trabajo de la percepción del propio cuerpo en movimiento.

Además, entiendo a la Sensopercepción como un camino que produce cuerpos heterogéneos para la Danza. Y en esto se define la especificidad de la Expresión Corporal: mientras algunas técnicas de Danza homogeneizan, la Expresión Corporal produce heterogeneidad, diversidad, en los cuerpos y de las danzas.

Política de lo sensible

Toda técnica sobre el cuerpo implica una manera de considerarlo y de tratarlo, acorde, también, a una manera de considerar y tratar al ser humano y al mundo.

La Sensopercepción trabaja sobre la percepción del cuerpo de un ser situado en el mundo.

La percepción permite una imagen sensorial de los objetos y fenómenos de la realidad. Ella implica interpretación y construcción de significados. Es un acto constructivo.

Nuestros esquemas de percepción, adquiridos socialmente, determinan las formas de interpretarnos a nosotros mismos y al mundo. Los esquemas de percepción de la vida cotidiana responden a una política y a un régimen de lo sensible que produce categorías de percepción e interpretación legítimas a través de las cuales se construye una visión de sí mismo, del mundo y una interpretación de la realidad.

La experiencia que propone la Sensopercepción desafía nuestros habituales esquemas de percepción, sentimiento, pensamiento y acción, abriéndonos a nuevos universos, a nuevas posibilidades; y al internalizar esta práctica nos transformamos.

En un mundo ordenado por el logos racional, nos volvemos seres más sensoriales transformados y construyendo otras relaciones con nosotros mismos y con el mundo, produciendo realidad.

5 // Mirá quién baila[1]

Introducción

A la hora de pensar los entrenamientos sobre el cuerpo del bailarín, las danzas del espectáculo en Occidente han hallado un fundamento eficaz en los saberes derivados de las ciencias naturales, mas específicamente de la biología.

De esta manera algunas técnicas para el entrenamiento del bailarín se ordenan en base a representaciones biológicas del cuerpo que nos lo presentan significado como un conjunto de palancas, articulaciones, aparatos y, en el mejor de los casos, sistemas, que "revelarían" su funcionamiento ante el ojo curioso del anatomista, quien funda su saber en el estudio de cadáveres, la disección, la medida, el peso.

Un cuerpo como objeto de las ciencias naturales nos lo expone a imagen y semejanza de la máquina cuyas "leyes de funcionamiento" nos indicarían qué ruta hay que tomar para entrenar hasta la excelencia a este conjunto de aparatos y sistemas que algunos llaman "cuerpo".

Pero, tal como dice Merleau-Ponty[2], ¿es ésta la única representación posible del organismo? Y en tal caso, ¿cuál es el verdadero valor de verdad absoluta con que este discurso pretende apropiarse de un objeto tan complejo como el *cuerpo*, proponiéndolo como de su exclusiva competencia?

Varios son los autores que abordan esta temática como posibilidad de cuestionamiento y reflexión respecto de los valores hegemónicos e ideologías dominantes, presentes en las representaciones exclusivamente biologistas de la dimensión corporal del ser humano.

---

1 Publicado por revista *Kiné*, N° 78, agosto 2007. Bs. As.
2 MERLEAU-PONTY, M. (1976) *La estructura del comportamiento*. Bs. As.: Hachette.

En tal sentido me interesa rescatar algunos puntos de estos debates provenientes de una diversidad de campos –filosófico, antropológico, sociológico, estético, psicoanalítico, entre otros– que a partir de mediados del siglo XX encuentran en el cuerpo un objeto de su incumbencia.

Los diversos saberes han echado luz –a la vez que nuevas sombras– necesaria e interesante a la hora de sentarnos a pensar sobre los cuerpos, tanto del bailarín como del espectador, en los contextos de producción y recepción contemporáneos.

La emergencia de nuevas variables –políticas, económicas, científicas, tecnológicas, sociales, culturales– remite a nuevas condiciones de construcción de la subjetividad –y por ende de los cuerpos–. Esta realidad, a su vez, se hace visible en las nuevas formas de creación y variables de producción artística, así como en estéticas emergentes, de carácter plurívoco, polimorfo y polisémico, que requieren, tal como diría P. Pavis, *"nuevas teorías para el análisis de los espectáculos"*[3], y permítaseme agregar, para pensar las distintas propuestas de entrenamiento para ese artista, en nuestro caso el bailarín.

Abriendo algunos interrogantes

¿Sobre qué consideraciones de lo humano vemos, desde nuestra labor formativa, al alumno que tenemos en frente y al cual apunta el entrenamiento que le estamos proponiendo? ¿Es una máquina que debe "alinearse" y ponerse a punto para "funcionar" con excelencia? ¿O es un sujeto, productor de realidad, que se emociona, percibe, proyecta, crea y siente?

¿A dónde se dirige nuestro "entrenamiento"? ¿A "dominar" esta máquina llamada cuerpo y que se nos revela u opone? ¿ A ubicarla en las coordenadas temporoespaciales, de un espacio geométrico y un tiempo lineal? ¿A entrenar la obediencia? ¿A impedir la emergencia de lo *deforme*...?

O ¿a facilitar y promover las condiciones de experiencia para que un ser humano –poético por excelencia y entendido como un ser bio-psico-socio cultural e histórico– se despliegue en imagen y acción?

Indudablemente, si abrimos estos interrogantes y observamos con interés veremos que: la técnica utilizada nos revelará la respuesta.

---

[3] PAVIS, P. (2000) *El análisis de los espectáculos –teatro, mimo, danza y cine*. Barcelona: Paidós.

Representaciones y prácticas corporales

Las investigaciones sobre el cuerpo de algunas ramas de la antropología y sociología contemporáneas, nos ponen en contacto con una verdad ineludible: toda concepción y práctica sobre el cuerpo se funda en representaciones del ser humano y del mundo; es decir, en una cosmovisión. A su vez, podemos afirmar también que *"toda práctica sobre el cuerpo transporta dichas cosmovisiones y de este modo las* inscribe en el cuerpo "[4].

Jean Maisonneuve en su libro *Modelos del cuerpo y psicología estética* nos dice:

> ...la primera cuestión que hay que considerar es esencialmente la condición del cuerpo, es decir, su posición y su significado en un campo de experiencias y en una escala de valores colectivos. Según la manera en que una sociedad plantee el problema de la vida y de la muerte, del trabajo y de las fiestas, según la idea que ella se forje de la naturaleza del hombre y su destino, según el valor que le asigne al placer y al saber el cuerpo será evaluado, tratado y representado diferentemente.

Por su parte el antropólogo francés D. Le Bretón afirma: *"Las representaciones del cuerpo y los saberes acerca del cuerpo son tributarios de un estado social, de una visión del mundo, y dentro de esta última, de una definición de persona"*[5].

Al tiempo que los saberes hegemónicos ordenan racionalmente el mundo, también forman parte de los fundamentos ocultos o no, que regulan las prácticas sociales en relación al cuerpo.

Ana Quiroga, desde la Psicología Social, lo sintetiza muy bien cuando nos dice:

> ...el orden social significa al cuerpo, le otorga un lugar, lo afirma o lo niega, lo estigmatiza o lo rechaza, lo reprime, lo transforma en mercancía. Desde allí se definen a grandes rasgos las relaciones que los hombres y mujeres de una cultura tienen con su cuerpo y el cuerpo de los otros; lo que se expresará en la familia, la escuela, el ámbito laboral. Es decir, en los distintos ámbitos de la cotidianeidad[6].

Para muchos tal vez este tipo de reflexiones les resulten "ajenas" a la Danza, tal como Occidente acostumbró a pensarla. Sin embargo, estos

---

4   GUIDO, R. (2009) *Cuerpo, Arte y Percepción*. IUNA, Artes del Movimiento.
5   LE BRETÓN, D. (2002) *Antropología del cuerpo y Modernidad*. Bs. As.: Nueva Visión.
6   QUIROGA, A. (1985) *Matrices de Aprendizaje*. Bs. As.: Ediciones Cinco.

temas resultan ineludibles en una actualidad donde el artista se ve desafiado a buscar nuevas estrategias de intervención sobre la realidad –desde su trabajo específico– que pongan en presencia las manifestaciones de las nuevas formas de subjetividad que se van esbozando en el presente.

Pensar nuestra práctica

Pensar las técnicas corporales en Artes del Movimiento, reflexionar sobre el contexto –de representaciones socio históricas vigentes– de su construcción y emergencia, interrogarlas acerca de qué concepciones de ser humano y de mundo transmiten e *inscriben* en los sujetos a través de sus cuerpos, sería a mi entender un desafío interesante para asumir desde los ámbitos académicos dedicados al arte, especialmente en aquellos cuyo material básico es el cuerpo.

Somos portadores, aún, de un orden cartesiano que significa al ser humano y al mundo, que como pesada herencia, aunque cuestionada, continúa vigente, reproduciéndose desde lo oculto "interiorizado".

En tal contexto los discursos con los que sostenemos nuestras prácticas muchas veces se contradicen con las prácticas mismas y las concepciones que estas "transportan".

La superación de algunas contradicciones que resultan a esta altura irreconciliables, forma parte del desafío vigente, que el arte –en su contexto académico universitario– no puede eludir.

En tal sentido resulta útil seguir los pasos de Sara Paín cuado en su libro *La génesis del inconsciente* nos indica que para salir del dualismo organismo-psiquismo, la distinción entre las nociones de cuerpo y organismo es fundamental.

Distinciones conceptuales

Tal como afirma S. Paín el organismo es la estructura material que conserva la estabilidad del ser vivo a través de una programación reguladora.

El cuerpo, en cambio, se define como una "construcción" elaborada por un sistema diferente del biológico. El organismo es lo "dado" por la naturaleza. El cuerpo, en cambio, se "construye", y lo hace en relación a otro y en un contexto material, simbólico y afectivo que se presenta como condición de existencia.

El cuerpo es memoria de la experiencia y de la forma en que esta experiencia fue vivida y significada por el sujeto y por el otro. Por esto

S. Paín afirma que el organismo funciona, mientras que el cuerpo es la elaboración significante de ese "funcionamiento".

Mientras que la dimensión biológica nos liga a la especie y da cuenta de la evolución filogenética, el cuerpo nos liga al entorno sociocultural histórico y vincular y da cuenta de la historia del sujeto.

La estructura orgánica es rígida, poco variable –la especie humana nace igual desde el período neolítico–. El cuerpo, en cambio, se presenta dinámico, variable, ligado a la experiencia de un sujeto que *es* en situación.

Mientras que el organismo presenta poca variación, el cuerpo encarna significaciones, acumula e integra experiencias, adquiere nuevas destrezas, automatiza movimientos, internaliza técnicas, entrenamientos, de modo de producir –tal como diría Paín– *"nuevas y originales programaciones o formas culturales de comportamiento"*.

Frente a un pretendido neutro y universal *organismo*, en tanto propio de una especie, el *cuerpo* se nos presenta diverso y se expone, asimismo, en su singularidad. Cuerpos afligidos, o estoicos, cuerpos empequeñecidos y otros agrandados. Cuerpos dóciles, adversos, reversos, de pie o doblegados.

"Es el cuerpo el que gesticula y el que sonríe, el que puede ser alabado o violado" nos advierte S. Paín[7].

Cuerpos sexuados, ligados al placer, que vuelven a confirmar a S. Paín cuando nos dice que *"el cuerpo se instaura por la diferencia que el placer provoca en el sistema neutro del organismo"*[8]. Un placer –presente o ausente– ligado a la historia del sujeto y sus vínculos.

Mirá quién baila

"El organismo se domestica, se acostumbra, se medica. El cuerpo se ensaya, se equivoca, se corrige y aprende"[9], dice S. Paín. Esta afirmación puede usarse como disparador para pensar las técnicas corporales utilizadas en los entrenamientos para las distintas formas de Danza.

El organismo se entrena para que pueda *responder* al salto, al giro, al equilibrio, para la resistencia y la fuerza. Se piensa en el sistema cardiovascular y respiratorio, en las coordinaciones necesarias y en el ajuste a modelos estéticos y códigos previos.

---

7   PAÍN, S. (1998) *Estructuras inconscientes del pensamiento.* Bs. As.: Nueva Visión.

8   *Ídem.*

9   PAÍN, S. (1985) *La génesis del inconsciente.* Bs. As.: Nueva Visión.

Se entrena, cueste lo que cueste. Para muchos, cuanto más duro, mejor. Se entrena, *a veces* cuidando no lastimar: articulaciones, ligamentos, tendones, músculos...

Pero si pienso en Danza...

Espero también la integración de "otro tipo de entrenamientos" que apunten al despliegue de aquello que tomará cuerpo solo por un efímero instante, para luego desaparecer bajo nuevas imágenes, energías, formas emergentes, movimientos, tonos, montos de líbido... Buscando justo el lugar de la acrobacia donde se desliza *el deseo*.

Un entrenamiento que apunte al *despliegue poético* de aquello que está siendo, *ahora*. Aquello que coloque en el *acontecimiento energético*. Un entrenamiento sobre *ese lugar* donde se sintetizan las relaciones sujeto-mundo, lugar donde el ser se encarna. Lugar del que el anatomista no puede dar cuenta.

De paradigmas adecuados

Un modelo que disecciona, que funda sus certezas en la medida y deba ser expresado en lenguaje matemático no alcanza para dar cuenta de la dimensión poética del ser humano, ni de su capacidad simbólica y creadora. Ni mucho menos de su capacidad de producir arte.

Un trabajo dirigido al "cuerpo" requiere apuntalarse sobre otros paradigmas, otros modelos superadores de todo dualismo, de todo pensamiento binario de opuestos excluyentes. Un modelo que conciba la realidad como *construcción* y que tome a toda verdad como un saber provisorio y parcial.

La práctica y el fundamento de un trabajo que apunte al "cuerpo", tal como lo he propuesto, debe apoyarse sobre un paradigma que tolere lo incierto, lo múltiple, la paradoja y el vacío. Un paradigma que pueda poner en escena nuevas estructuras, nuevos nexos, planteando nuevas relaciones entre el caos y el cosmos.

Un modelo flexible y en movimiento, es imprescindible para desafiar la emergencia de la capacidad humana de crear mundos y transformarlos, tolerando el vacío primigenio al que conduce todo proceso creador. Para sostener una práctica sobre el cuerpo que lo tolere escurridizo, paradójico e inaprehensible. Una práctica que proponga un "habitar": el cuerpo, el espacio, el tiempo, el vacío, en un acto de pleno estado de Danza.

Mirá quién baila

un espesor que se estira
una gravedad que se vence y entrega
respira hondo
hasta donde le llega el alma
de pie
desliza una mirada
y una intención plena le pone el corazón extremo
cae
justo allí
donde el peso lo esperaba
como si lo dicho supiera que acaba de ser un hecho
y entonces
un suspiro vital eleva el vuelo
gira, trina, ruge
remite, permite, admite,
llora, suda, gime
encuentra, rompe, parte, hiere
y vuelve sobre sí.
Una vez más
la Danza pudo encarnar!

Raquel Guido

Danza para todos[10]

Cuando desde la Expresión Corporal hablamos de una *"Danza para todos"* nos introducimos en un nivel de implicación con la propuesta que nos convoca a la reflexión dentro de nuestro propio ámbito profesional. Es decir, nos llama al encuentro autorreflexivo, mirando nuestra práctica desde el interior de la misma.

Despliegue sensual

Cuando alguien ve una improvisación de Expresión Corporal, centrada en lo introspectivo, algunas veces, parece avergonzarse y no poder mirar abiertamente lo que la vida ha puesto delante de sus ojos. Presenciar un acto tan íntimo como danzar desde *lo más profundo* y en *intensa conexión con lo que nos rodea* resulta para algunos casi obsceno.

---
10 Publicado por revista *Kiné*, N° 77, junio 2007. Bs. As.

Un despliegue sensual se observa en todos los cuerpos, y eso no es fácil de presenciar. Ni de ver, ni de tolerar. Si la respiración llegara a acomodarse a lo que ve...

Pareciera ser que no todo el mundo puede de primera entregarse a *escuchar*, y acompañar las rutas por las que el *artista del cuerpo* nos propone una experiencia de claridad y de oscuridad a la vez. Experiencia necesariamente "cegadora" en primera instancia, para poder, luego, abrirnos la mirada.

Modelos hegemónicos y contra hegemónicos

El modelo hegemónico de la Danza, dentro del marco de las artes del espectáculo de Occidente, se presenta fuertemente ligado a los valores que la Modernidad capitalista consolida y cristaliza: éxito, eficacia, fuerza, destreza. Con un modelo corporal acorde: eternamente joven, ágil, fuerte, diestro, resistente, sin arrugas... liso, impecablemente liso...[11].

Dejando fuera "lo otro" *en* "el otro": *el* deforme, *el* loco, *el* discapacitado, *el* débil, *el* gordo, *el* viejo... Posición que implica descartar el *encuentro* con lo que la vida nos propone en términos de: *lo deforme, lo loco, lo discapacitado, lo débil, lo pesado, lo oscuro, lo desconocido, lo diferente..., lo próximo a la muerte*, tan próximo que nos espeja desde el futuro.

La Expresión Corporal toma con gusto todo ese espectro de la existencia humana que el modelo hegemónico deja fuera, y lo convoca a danzar. La *consigna* es entonces, como una invitación, paso a paso, por lugares del cuerpo, por sensaciones y despliegues de imágenes, que cada uno comenzará a recorrer desde *su propia corporeidad*, tanto en lo que esta tiene de dimensión biológica, como de simbólica e imaginaria.

Esto dará como resultado la posibilidad de desplegar una *Danza propia* de cada sujeto, donde la diversidad se pone de manifiesto en cada hallazgo particular.

Esto implica que –ante lo que en apariencia es una "misma consigna" para todos– los recorridos y las resultantes sean singulares y diversos. Quien tenga piernas muy fuertes encontrará y desplegará una Danza que ponga en escena *esa* fortaleza, revelándose y poniéndose de manifiesto ante nuestra presencia.

---

11 ¿Por qué se "retira" Julio Boca? ¿Cómo es posible que su ser-bailarín muera porque pasó los cuarenta años de edad? Suponiendo que viviera hasta los ochenta, ¿estaría casi cuarenta años sin danzar?

Si, en cambio, otra persona es muy flexible, expresará, *manifestará, pondrá de manifiesto* esta dimensión de la existencia a través del interjuego de tensiones que le es propio.

Así mismo, la Danza de un hombre o una mujer de ochenta años, también nos convocará a un encuentro con esa dimensión de la existencia. Todos los cuerpos, *habilitados* y *habitados* se convierten en *espacio de manifestación*. Es decir, muestran *su arte*.

Me deleita ver los cuerpos ancianos en "estado de arte"[12]. Las imágenes de Kazuo Ohno, por ejemplo, me llevan a lugares diversos, a través de su paso[13], su gesto, su tono, su silencio, su quietud, su movimiento, su conexión. Tan particulares y a la vez universales, y de un modo al que no tiene acceso un cuerpo joven de veinte años que, por lo tanto, tampoco puede guiarnos o provocarnos desde *ese* lugar, en el sentido de que aún no le es *propio*.

Así mismo, me maravilla cuando veo desplegarse en Danza, los cuerpos de mis alumnos en plena potencia de la juventud, en *estado sensible*, transpirando sensibilidad, captando la diversidad de formas en que cada uno puede jugar su juego y dar a luz.

La Expresión Corporal, desde esta perspectiva, trabaja en una orientación que apunta a *habilitar* los cuerpos para tener una experiencia fenomenológica de la corporeidad. Partiendo de la conciencia, el recorrido nunca se completa si no habilita el acceso a lo que está más allá de lo que puede ser consciente y dirigido por la razón en procesos de intelección.

El *despliegue poético* implica un habilitar al cuerpo para que despliegue los contenidos conscientes e inconscientes que aloja y lo construyen.

De lo inmemorial a lo que deja huella, de lo que no se puede medir –y solo ocupa un lugar gracias a la tierra que le ofrece el cuerpo para hacerse figura– a lo que nunca se podrá nombrar; el cuerpo se hace *recipiente, fuente,* y *lugar*.

Nuevos contextos, nuevas subjetividades

Al pensar en una Danza que exprese la complejidad de las nuevas subjetividades, la Expresión Corporal presenta un espacio particular para iniciar la búsqueda, con un ánimo valiente que se arriesgue a perder el rumbo soltando lo viejo para dar lugar a lo nuevo. La Expresión

---

12 "Estado de arte", concepto alucinante que debemos a Susi Kesselman.
13 Entendido como su modo particular de pisar.

Corporal tiene en su especificidad la posibilidad y el objetivo de sostener esta experiencia.

Para una actualización de la Expresión Corporal destinada a las nuevas subjetividades que emergen de los nuevos contextos de existencia es necesario considerar a estos últimos con sus variables tecnológicas, científicas, filosóficas, culturales, económicas, políticas, de los que emergen nuevos valores, nuevas aspiraciones y nuevas prácticas[14].

Esta afirmación aplicable a todas las áreas que implican la actividad humana, lo es también obviamente a la esfera del arte y nos empuja a interrogar nuestra propia práctica en tanto productora de subjetividad, transmisora de cosmovisiones y los nuevos modos de creación artística.

¿De qué manera influyen los nuevos contextos en la producción artística? ¿De qué modo en la construcción del espectador? ¿Cómo se influyen recíprocamente ambos aspectos? ¿Qué cambios se han producido en la concepción del cuerpo, en las prácticas –técnicas de entrenamiento, prácticas sociales– y de qué manera éstas inciden sobre él? ¿Qué cambios se han producido en la percepción, en los cuerpos –del actor, el bailarín, el músico, el escritor o el escultor–? ¿Cómo se plantean las nuevas relaciones entre el cuerpo, el artista, el espectador y la obra o producción?

La Expresión Corporal, en tanto espacio abierto y en permanente construcción y resignificación, puede asumir el desafío de pensarse a sí misma, en cuanto a los abordajes que le son específicos, su estética, sus consideraciones acerca del ser humano y de su producción artística, en íntima relación con los contextos actuales, entendidos como condiciones de existencia; tierra de la experiencia donde el sujeto se construye.

Una antigua relación: música-movimiento

La Danza siempre ha encontrado sostén en una fundante relación con la música. Allí encuentra, una posibilidad de despliegue pero a la vez su propia posibilidad de anulación, en tanto se presente como *reiteración* de lo ya dado por la música. Me refiero a los abordajes que buscan la corporización de una redonda, una corchea...

Sostengo, con firmeza, que la Expresión Corporal en tanto Danza, no puede contentarse o limitarse con ser una mera corporización de elementos de la música, a través del movimiento en el tiempo y el espacio,

---

[14] Entre las prácticas derivadas de las nuevas condiciones de existencia, para nosotros es central el interés por aquellas que se presentan en el campo del Arte y el Cuerpo en el marco de la Danza.

con gestos virtuosos y destrezas, presentándose como un texto sobreescrito y reiterativo de un texto previo.

La aspiración de hallar una Danza que implique al ser íntegro, no puede contentarse solo con ser una reiteración lineal ya sea de la música o de un relato preexistente.

Sugiero intencionar el trabajo buscando una Danza que "suceda", que "esté ahí" mientras la estamos presenciando.

La Expresión Corporal, con su abordaje particular, apunta a hacer pasar la música, las imágenes, las sensaciones, los textos, etc., por el espesor del cuerpo, por las partes, por el todo, combinando –por el movimiento del azar– energías, desplazamientos, flujos, sentidos y sin sentidos, inspiraciones y exhalaciones, silencios... resultando así una Danza que implica al ser íntegro en su aquí y ahora, y no solamente una Danza que surja del intelecto y la razón humanos.

La infinitud de lo efímero

En Expresión Corporal trabajamos con lo efímero. El despliegue poético se genera entre el vacío y el puro acontecimiento. La improvisación interviene como método de trabajo, de búsqueda, de exploración y hallazgo, guiada por un sentido lúdico y creador, centrado en el *momento*.

La improvisación –con sus componentes intrínsecos, la *espontaneidad*[15] y la actitud lúdica– es un eje central de la Expresión Corporal que se sostiene desde los comienzos del aprendizaje hasta la culminación en su etapa de producción artística destinada a presentarse ante un público.

De allí surgen los gestos, el movimiento, la dramática, el despliegue poético encarnado y encarnando pluriforme en cada *instante*, para volver a desaparecer en el vacío de donde surgió, dejando como testimonio o memoria una estela que se multiplica en el cuerpo del espectador que pone en juego su propia apertura sensible. Ya sea como intérpretes o como espectadores, la *espontaneidad* nos sitúa en el ojo del acontecer

Desbordando el entendimiento

¿Qué expresa el artista? ¿Quién se animaría a firmar que ha capturado con su mirada un sentido que se arrogue *único* cuando el artista despliega su Danza? ¿Quién podría reducir el gesto, la mirada, la actitud, el

---
15 Ver "Espontaneidad e improvisación" en capítulo I.

movimiento, en un *significante unívoco* que garantice el entendimiento, o en un acto analítico e instrumental que entiende el todo como la suma de las partes?

La Danza en Expresión Corporal, en su cualidad poética, emerge desbordando lo inteligible, desafiando el entendimiento lineal y la racionalidad discursiva.

La *expresión*, no se agota en la transcripción de un mundo interno, personal del artista. Tampoco se limita a exponer un símbolo elaborado desde la conciencia en acuerdo con el intelecto, con lo inteligible que nos orienta en la vida cotidiana. Muy por el contrario, rompe los códigos habituales, desafía la emergencia de lo nuevo. El sujeto creador se presenta como fundador de un nuevo orden, de nuevas articulaciones, de nuevas estructuras, nuevos sentidos y, en esta práctica subjetivante, emerge convertido en *autor* de su propia Danza.

Para esto desde la Expresión Corporal proponemos espacios de experiencias diversas que apuntan en primera instancia a un *habitar* el cuerpo y desde él buscar *nuevas formas* de *habitar* el mundo. Se desarrolla así, con el tiempo, una *presencia sensorial*, que aunque implique procesos corticales –a través de *técnicas conscientes*– sobrepasa ampliamente la dimensión de la conciencia, el control y el dominio.

La idea de *presencia* que propongo supera la noción de conciencia corporal cortical. Incluso, el estado de presencia mencionado muchas veces resulta luego de *soltar* la conciencia, configurada a través de la internalización de normas y valores sociales articulados a la experiencia individual, que promueven la fijación de *esquemas*, tanto de pensamiento como perceptivos, motrices y afectivos, integrados en patrones bastante rígidos.

La experiencia artística nos ofrece, tanto a artistas como a espectadores, la oportunidad de *religarnos* con el mundo, promoviendo una *presencia* diferente.

La fuerza en la Danza[16]

Exploraciones en Danza

Cuando pensamos en una Danza que se sustenta en una consideración del ser humano como ser bio-psico-social e histórico, es decir *cuando las estrategias de clases* no se limitan al abordaje biomecánico del

---

16 Publicado por revista *Kiné*, N° 80, diciembre 2007. Bs. As.

cuerpo sino que se apoyan en interrogaciones diversas sobre el sujeto, su cuerpo y el medio en que se construye y vive, aparecen variables no pensadas en otras técnicas, que la Expresión Corporal puede tener en cuenta en su renovación permanente.

Considerar la importancia de las tramas de representaciones compartidas en las que el sujeto y su cuerpo se construyen, abre la mirada de aquello que se produce en cada espacio de clase.

De esta manera, nuevos interrogantes aparecen poniendo a prueba nuestra ductilidad para crecer, de modo que el desafío se vuelve creativo para el profesional y para aquel que se encuentra en formación. Nada se repite. *Cada vez se presenta como una situación nueva...*

Imaginarios sociales

A la hora de trabajar la exploración de los *esfuerzos musculares* en la Danza podemos interrogarnos dando unos pasos más allá de aquellas primeras exploraciones que produjo el quiebre de la Danza Moderna.

¿Qué imaginarios sociales[17] se ponen en juego cuando nos adentramos en una exploración de la fuerza muscular y sus diversas graduaciones? ¿Qué subjetividades se despliegan en estas aventuras andadas por la vía del cuerpo? ¿Tienen algo que ver las "representaciones sociales compartidas", propias de cada tiempo y de cada ámbito, con el entrenamiento motor y gestual para la Danza?

Diversos emprendimientos sociológicos y antropológicos proponen indagaciones sobre la corporeidad que excediendo el campo de las variaciones morfológicas, darían cuenta de la variedad de los sistemas de *representación* que organizan la *experiencia del cuerpo* en relación con el orden socioeconómico del medio de vida de los sujetos.

Al respecto J. Maisonneuve[18] cita las investigaciones de L. Boltansky, quien toma como punto de partida el concepto de "habitus corporal" estudiado por Pierre Bourdieu en medios rurales y expone que cada clase social es productora de una "cultura somática" que le es específica, y propia del lugar que se ocupe en la estructura económica y productiva.

Esta cultura, con sus normas y valores, es el resultado directo de las condiciones objetivas de existencia, sustentadas principalmente por el

---

17 El imaginario social es un estructurante imaginario que determina el pensar, el sentir y el hacer de los sujetos. Su observación nos permite dar cuenta de una particular red de significaciones compartidas socialmente que son sustento de la forma de construir realidad y de interpretarla.

18 En MAISONNEUVE, J. (1984) *Modelos del cuerpo y psicología estética*. Bs. As.: Paidós.

orden económico y el lugar que el sujeto ocupe en la sociedad. Tendrá una función regulatoria generando modos de relación de cada sujeto con su propio cuerpo; categorías perceptuales y de consumo, de donde derivarán distintas formas de significar y tratar al cuerpo, en la relación con los otros, en el trabajo, frente al dolor o la enfermedad o en el cuidado y la valoración de la imagen.

Boltansky observa dos representaciones que devienen en valores, diferentes según la clase a la que se pertenezca. Por un lado la "forma" y la "imagen", como interés y ocupación sobre el cuerpo en las clases sociales de mayor poder económico, y la "fuerza" como valor y preocupación preponderante en las clases sociales dedicadas a la producción; relacionándose a la *fuerza del trabajo*.

Afirma que cuanto más elevada es una clase social, mayor es la atención brindada al cuerpo; tanto en el orden de la prevención en salud como en el cuidado de la "imagen" con la que el cuerpo se presenta al mundo.

En las clases mejor posicionadas económicamente, la "forma" es un valor. La vergüenza del cuerpo por su imagen, sería una vergüenza de clase, derivada de un cuerpo convertido en signo de estatus social entendido como representación y valoración directa de la persona.

Mientras que en las clases sociales que tienen una relación instrumental con su cuerpo como herramienta de producción en el trabajo, el valor se encuentra en la "fuerza" y la "resistencia", es decir en su capacidad productiva[19]. *"Cuanto menos se emplea el cuerpo en las tareas de producción* –concluye Boltansky–, *cuanto menos invierte las fuerzas corporales (energía) en el trabajo obligatorio, más piensa uno en atender al cuerpo, en escucharlo"*[20].

---

19 Aquí la escucha del cuerpo, su sensibilización y conciencia sería amenazante a los fines del sistema económico capitalista. Algunas prácticas evitan una relación reflexiva y consciente con el cuerpo ya que esto podría reducir la resistencia u oponerse a la presión que el cuerpo del trabajador debe soportar.

20 También afirma: *"Las reglas que en las clases populares organizan las relaciones de los individuos con su cuerpo quizá tengan al principio una función de regulación que tiende a impedir que aquellos que por su condición económica deben utilizar intensamente su cuerpo, establezcan con este una reflexión reflexiva y consciente. El establecimiento de semejante relación no podría tener otro efecto que el de disminuir la resistencia que los individuos pueden oponer a su cuerpo y por lo tanto reducir la cantidad y calidad del trabajo que el cuerpo realiza"*.

Envoltorio sensorial

Bien podría decirse, en una primera reflexión, ¿qué tiene esto que ver con la Danza, y más precisamente con los aprendizajes motores y específicamente con la fuerza muscular?

Si consideramos la conciencia corporal en el entrenamiento para la Danza, tal como hacemos en Expresión Corporal, ineludiblemente debemos referirnos a la percepción propioceptiva –cenestésica y kinestésica– que participa en la percepción del propio cuerpo, configurando nuestra *experiencia*. Los aprendizajes motores, posturales, gestuales entendidos como aprendizajes centrados en lo sensorial, reclaman la reflexión sobre la articulación entre sensorialidad e imaginarios sociales.

La cultura moldea nuestra sensorialidad, la cual nunca es neutra. La percepción sensorial puede ser pensada no solo como un acto físico sino como un producto que reúne prácticas y valores colectivos sobre los que se construyen "modelos sensoriales" o paradigmas sensoriales.

Esto significaría, como afirma la antropóloga canadiense Constance Classen, *"que la vista, el oído, el tacto, el gusto y el olfato, no son solo medios de captar fenómenos físicos sino vías de transmisión de valores culturales"*[21].

Estos modelos sensoriales, agrega Classen, condicionan la experiencia y comprensión de nuestros cuerpos y del mundo, al tiempo que revelan aspiraciones, preocupaciones, jerarquías e interrelaciones. *"Los códigos sociales determinan la conducta sensorial admisible de toda persona en cualquier época y señalan el significado de las distintas experiencias sensoriales"*, afirma.

Por su parte, Boris Cyrulnik[22], desde un enfoque biológico, nos habla de la importancia de los mitos culturales como modeladores de la sensorialidad, la cual incluye la experiencia que tenemos de nuestro propio cuerpo. Nos habla de "envoltorios sensoriales históricos", concepto que integra las representaciones mentales abstractas en un envoltorio sensorial concreto.

En el ser humano –afirma– la impronta no es un determinante absoluto, como creía Lorenz, pues cada estadío de su desarrollo está gobernado por determinantes de diferente naturaleza. Aún hace falta que en cada nivel del crecimiento, el cerebro establezca transacciones con los envoltorios sensoriales, verbales y culturales.

---

21 CLASSEN, C. (1997) "Fundamentos de una Antropología de los sentidos", en *Revista Internacional de Ciencias Sociales*, N° 157.
22 En CYRULNIK, B. (2009) *De cuerpo y alma*. Barcelona: Gedisa.

Las normas, valores y representaciones sociales y culturales configuran envoltorios sensoriales diferentes según nazcamos niño o niña, nos dice. También, me permito agregar otras variables: en el seno de una familia de poder económico elevado o víctima de la exclusión, según sea en un medio urbano o rural, entre otras variables a considerar. Lo cierto es que para Cyrulnik *"el mito organiza los circuitos que orientan la búsqueda de las adquisiciones de comportamientos..."*.

Sabemos que los circuitos neuronales se construyen en la experiencia, y debemos incluir en ese saber la potencia de la impronta que las representaciones sociales dejan sobre dicha experiencia, dado que de ellas derivan las normas que ordenan las prácticas y las interpretaciones, marcando –entre otras– las relaciones que cada uno tiene con su propio cuerpo y, a través de éste, con el mundo.

La fuerza de la Danza

En la Danza, la fuerza y sus graduaciones, no concluyen en la producción ni en la relación fuerza-trabajo. Por el contrario, la aplicación de fuerzas diversas concluyen en la *inutilidad*, en un gesto *gratuito* que eleva las acciones del cuerpo a la dimensión estética. Cada fuerza es un vector donde cabalga la existencia, y así se expone ante la mirada del otro y la propia.

La fuerza, con o sin valor significativo, se presenta como energía encarnada que, gestada en el cuerpo, circula por él materializándose en el tiempo y el espacio.

La fuerza se presenta también, como un fondo de base, diverso en cada forma y técnica específica de Danza. Podríamos decir que es posible observar un vector homogeneizante del uso de la fuerza muscular, según la técnica de que se trate, así como según el estilo de Danza al que se apunte o los modelos identificatorios que promuevan.

La Expresión Corporal, tomó en sus inicios el modelo de investigación de Laban referido a las "cualidades de movimientos", aprendiendo a distinguir y utilizar distintos grados de esfuerzos musculares –o energía aplicada– implicados en la acción. La sola variación de la energía utilizada deviene en un despliegue de inagotables combinaciones, resultando en una riqueza expresiva que el bailarín despliega ante sí mismo y ante los otros.

Las variaciones de energía halladas se proponen como encarnadura posible de lo humano, primero en el cuerpo propio del bailarín y luego se expande hasta el espectador, quien sigue con su cuerpo, como diría Pavis, "*la subpartitura del actor o el bailarín*".

Al respecto, el crítico de Danza John Martin[23] afirma que la comunicación entre el actor y el espectador se sostiene en la percepción kinestésica[24], gracias a la cual lo que el observador recibe como estímulo es la obra que resuena en su propio cuerpo. "*En el cuerpo del espectador se da una respuesta kinestésica* –nos dice–; *éste reproduce, en sí mismo, y en parte, la experiencia del bailarín*". Llama como *metakinesis* a la correlación existente entre lo físico y lo psíquico, a lo que considera "*dos aspectos de una única realidad fundamental*".

El entrenamiento en el uso de distintas fuerzas requiere de un estado previo que desbloquee articulaciones de toda fuerza "atorada" en ellas para permitir que la energía transformada en *acción* muscular circule como *movimiento* por el espacio tridimensional del cuerpo.

Una sensorialidad abierta detecta esos "bloques" de energía que, cual muros, hemos construido con nuestra propia fuerza "atrapada" y que no ha devenido en movimiento. Al mismo tiempo, un trabajo centrado en la sensibilidad kinestésica nos habilita a un proceso donde lo anatómico se transfigura en imágenes diversas que ligan el movimiento con sensaciones, pensamientos y sentimientos. La energía se despliega como fuerza vital que sostiene la vida del ser, presente en su encarnadura originaria, exponiendo al cuerpo a su propia transfiguración.

La implicación del sujeto en esta tranformación requiere de un salto a la experiencia de modos de ser y estar en el mundo a través de diferentes esfuerzos musculares. En esta instancia, la Danza estalla identidades variadas que se presentifican en el tiempo y el espacio. Lo Uno deviene múltiple y diverso.

La sensibilidad kinestésica, del griego *kiné*, movimiento –desarrollable y ampliable mediante el aprendizaje–, nos permite captar finas y sutiles distinciones en los grados de energía utilizados en el movimiento y la quietud. Su despliegue se presenta como una apertura posible al mundo.

---

23 En MARTIN, J. (1966) *The Modern Dance*. New York: Barnes.

24 Las sensaciones propioceptivas se dividen en: *kinestésicas*, referidas al movimiento, tienen la función de regular el equilibrio y las sinergias o acciones voluntarias coordinadas; y *estáticas*, referidas al equilibrio del cuerpo. Ambas en su integración conforman las sensaciones posturales, presentes en la construcción del Esquema Postural que formará parte de la Imagen Corporal. Estas sensaciones permiten darnos cuenta de las posiciones de nuestros miembros en el espacio, de los movimientos que realizamos y cómo los realizamos –con mucho esfuerzo, con poco–, así como de sensaciones de peso del cuerpo, y relación con la fuerza de gravedad, a través del equilibrio, su pérdida y recuperación permanentes.

Compromete la existencia misma al situarse en el *aquí y ahora*. Nos permite transfigurarnos y saborear la existencia en sus diversas formas.

El despliegue kinestésico contiene los rasgos de nuestra propia historia. El cuerpo es registro de la historia del sujeto. Lo personal se entrama a las redes de representaciones compartidas generando nuevas posibilidades de apropiación, cada vez. Cada configuración emergente posee en sí misma un entramado donde historia personal y social se hacen un todo complejo y diverso que resuena en el presente de un *nosotros compartido*.

Pavis, en su libro *El análisis de los espectáculos*, nos habla en este sentido de la participación de una *memoria corporal* presente en el despliegue kinestésico *"que la Danza suscita a través de los cambios de estabilidad, de equilibrio, de tonicidad, nos recuerda nuestra historia personal, inscripta en nuestro cuerpo y constantemente activada por el espectáculo".*

La Expresión Corporal puede ser una vía regia para el acceso concreto a esta forma de danzar.

Pensar la Danza

De esta manera, pensar la Danza en el contexto contemporáneo nos convoca a trabajar a partir de una plataforma multirreferencial que nos desafíe a la creación de nuevos vectores de análisis o consideración, replanteándonos incluso el alcance y la incumbencia de las técnicas sobre el cuerpo.

La exploración y la reflexión sobre la "fuerza", encarada desde una perspectiva más abarcadora, promete nuevos y fructíferos caminos para ser danzados. Es un buen tiempo de madurez para que la Danza alcance la palabra y pueda ser dicha a través de un gesto intelectual encarnado en voz y escritura.

¡Celebro estos buenos momentos!

Dancemos, entonces.

Poética de lo óseo[25]

La búsqueda del propio esqueleto

Una de las influencias que la Expresión Corporal recibe, en tiempos de su fundación, proviene de la Eutonía.

---

25 Publicado por revista *Kiné*, Nº 84, diciembre 2008. Bs. As.

En toda la riqueza que esta técnica posee, una de las más apreciables es la de promover una verdadera "experiencia" de la estructura ósea. A partir, entonces, de esta influencia, la Expresión Corporal recibe y recrea una experiencia corporal que deviene en técnica del movimiento para la Danza.

"Moverse desde el hueso", es una experiencia que reúne sensaciones y representaciones promoviendo una práctica del movimiento ya descripta por la Eutonía misma: liviandad.

Ubicándonos en la experiencia sensible de "ser y estar", en los huesos la relación con la fuerza de gravedad –que atrae hacia la tierra– se transforma y una nueva fortaleza aparece. Fortaleza que no se siente como proveniente del esfuerzo o tensión muscular. Esa "fortaleza" ligada a la "liviandad" se convierte en "real" en la experiencia concreta del sujeto. Entonces *es*, sin lugar a dudas; existe.

Desde la Expresión Corporal el abordaje de la conciencia corporal incluye su propia particularidad: la de integrar además un despliegue poético del cuerpo que devenga en Danza.

Un despliegue de imágenes, gestos, posturas y actitudes que se agregan a las percepciones corporales integradas en la Imagen Corporal y se presentifican en un movimiento capaz de llevarnos a esas realidades humanas ligadas a esta particular sensibilidad.

La regulación tónica que el moverse desde el hueso produce, es promotora de una sensación de bienestar que indudablemente nos ubica en una experiencia ligada al placer. Placer que, a entender de Lapierre, remite a la experiencia primitiva de ser y existir en el movimiento, el cual es manifestación de una pulsión vital.

Ligar el aprendizaje de la Danza al placer –más allá de las palabras bonitas– implica una apuesta diferente.

En las formas tradicionales de la danzas del espectáculo en Occidente, los entrenamientos se ligan, en algunos casos, a experiencias de tensión, voluntad, disciplina y sacrificio; formadora de una especie de actitud estoica frente al dolor y el sufrimiento corporal.

Dejar atrás estas concepciones y representaciones presentes en los tratamientos que el cuerpo recibe en los entrenamientos y promover un aprendizaje guiado por el placer, centrado en la experiencia directa del cuerpo en situación, requiere además de su formulación, una metodología que signifique los actos, los pasos a seguir, los modos de abordar el tema para que deje de ser sólo eso y se convierta en una realidad hecha Danza posible de ser.

Desde mi perspectiva la Expresión Corporal puede asumir ese desafío. Con nuestra propuesta centrada en la percepción del propio cuerpo, el tránsito por la experiencia ósea, resulta un pasaje obligatorio.

A partir de una etapa que busca el "despertar" del cuerpo, trabajamos palpaciones –de reconocimiento y como estimulación–, ligamos el movimiento a representaciones internas, promovemos la integración de imágenes, percepciones y emociones de diversas maneras, tantas como cada docente pueda crear, generando condiciones para que la experiencia se haga posible.

Una vez que se ha comenzado a despertar la sensibilidad del hueso, un nuevo lugar, dentro del espacio corporal, se encuentra disponible a ser habitado y un motor para la Danza emerge de allí.

Los huesos nos llevan al arraigo en nuestra propia estructura, en nuestros propios sostenes, en nuestra posibilidad de articular. El movimiento desde el hueso abre espacios en nuestro interior que se convierten en lugares a ser habitados y devienen en sostén propio. Desde este lugar el movimiento cobra autonomía respecto de bloqueos y de estereotipos. Así, el movimiento nuevo surge, se presenta activo y liviano, autosostenido en la estructura interna y con la intención nítidamente ubicada en lo óseo.

La construcción de la conciencia de la estructura ósea nos desafía a internarnos en el espesor del espacio corporal. Hallar los huesos, ubicarlos y experimentarlos en su forma, su tamaño y hasta su peso, va construyendo espacio corporal.

Una vez que se ha experimentado el hueso en su singularidad y se hace presencia viva en el cuerpo, puede ser empleado como motor del movimiento. Motor, que no se limita a trasladar al cuerpo por el espacio, sino también –y muy especialmente en el enfoque que aplico– *en* el espacio de nuestro cuerpo. Espacio en el que somos y existimos.

Aquí la estructura ósea, como tal, se presenta como ruta de circulación del movimiento que pide y provoca desbloqueos articulares y regulación del tono muscular.

Cuando el hueso empuja contra una resistencia, a partir de empujar con los apoyos[26] contra una superficie de contacto fija –como por ejemplo el suelo–, la fuerza aplicada se convierte en movimiento que retorna y circula por el cuerpo siguiendo la ruta ósea y activando reflejos antigravitacionales, a veces obstaculizados por los bloqueos articulares producidos por la acumulación de tensión.

---

26 Es importante recordar que una de las diferencias entre superficie de apoyo y superficie de contacto reside en que la primera recibe descarga del peso del cuerpo.

"Soltar los huesos" y experimentar su peso en la práctica de la relajación contribuye a relajar los músculos encargados de moverlos. En la Danza, explorar la alternancia de soltar y mover los huesos, despliega cualidades de movimientos y combinaciones posibles que se presentan inagotables, dotando al cuerpo de una cualidad expresiva inusitada que habla por sí misma una lengua energética, de tonos musculares, movimientos, configuraciones de gestos y actitudes; desplegando una dramática ambigua que supera la univocidad de los signos.

La percepción de la estructura ósea, en movimiento y en reposo, es un buen camino para acceder a lo que denomino "presencia". Un estar aquí y ahora desde nuestro cuerpo y en un proceso donde la conciencia se expande ampliando sus límites.

Danzamos *en* el cuerpo y no *con* él. Para esto es necesario apuntar los entrenamientos hacia el desarrollo de esa fina sensibilidad corporal.

La Expresión Corporal puede abrir esos espacios, generar esas condiciones de experiencia, promover y estimular búsquedas errantes, vagabundeos y demoras. La estructura del trabajo que cada docente crea, se nos aparece como sostén durante un tránsito que nos arraiga progresivamente en nuestro ser corporal. Tránsito que implica abrir caminos, que a veces se vuelven profundos, comprometidos, que implican fuertemente al sujeto y lo transforman.

Los otros apoyos[27]

Cuando una superficie de contacto recibe la descarga del peso del cuerpo se convierte en *superficie de apoyo*. La descarga de peso sobre los apoyos brinda seguridad, relajación, descenso del tono, e implica entrega. El empuje perpendicular sobre los apoyos produce movimiento que circula por todo el espacio corporal, eleva el tono e implica un estar activo, aplicando fuerzas y recibiéndolas en el cuerpo *sin esfuerzo*.

En nuestra clásica posición bípeda, propia de los seres humanos, el apoyo de los pies es la superficie de apoyo principal; propia de la posición erecta. Pero el ser humano no solo está de pie o camina. También rueda, se sienta, se revuelca, se hamaca, sube y baja por la vertical del espacio, usando distintas posiciones que implican distintos apoyos. Conformarían, al decir de *Kiné, "los otros apoyos"*.

Entrenar estos "otros apoyos" –explorándolos en un juego errático y erótico–, resulta indispensable para moverse en diferentes planos y

---

[27] Publicado en revista *Kiné*, N° 106, abril 2013. Bs. As.

diferentes niveles espaciales. Transitando por ellos, en base a la descarga de peso y la aplicación de fuerzas perpendiculares sobre los apoyos del cuerpo en diferentes posiciones, va deviniendo un *juego exploratorio* de donde emergen movimientos inéditos, imágenes y emociones y donde la sensación corporal es guía.

La clave para obtener movimiento y no solo sostén desde los apoyos, es ejercitar la aplicación de distintas gamas de fuerzas desde el cuerpo y en dirección perpendicular al apoyo donde se descarga el peso contra una superficie que lo sostiene, la cual al no desplazarse le sirve de resistencia; sostén que no se mueve. Sucede que la fuerza aplicada sobre una resistencia que no cede, retorna al espacio corporal, alineando articulaciones, convertida en movimiento que circula por el cuerpo, solicitando y produciendo flexibilidad y apertura articular junto con músculos elásticos que permitan y no bloqueen dicho tránsito del movimiento por todo el espacio corporal.

Muchas danzas en el contexto actual no se miden a sí mismas solo por el movimiento, sino por otras producciones corporales: el gesto, la actitud, la postura –como un modo de ser y estar plantado en el mundo–, la imagen, el tono.

Ese movimiento que circula libre, por un cuerpo desbloqueado –frente a la mirada de un testigo interno–, se asocia con imágenes que configuran decires, poéticas, sentidos, significaciones que encarnan en un cuerpo en movimiento y se enraízan en los apoyos que no solo sostienen al cuerpo en determinada posición, sino que sirviéndole de base de sustentación sostienen la movilización que implica transitar la aplicación de fuerzas que producen movimiento, energía, imagen, gesto, personaje; escenas compuestas de fragmentos que rompen la linealidad de lo discursivo racional, abriendo las puertas de las configuraciones espontáneas, y por lo tanto relacionadas con lo inconsciente y lo emocional.

Los apoyos no solo sostienen a un organismo. Sostienen a un cuerpo y al hacerlo sostienen todo lo que este implica. Los apoyos sostienen la poética que se despliega en la Danza que puede contener energías movilizadoras, conmovedoras, ante una sensibilidad abierta y una conciencia corporal que nos hace testigos ubicados en el presente de aquello que se despliega por primera vez, ante mí mismo y ante el otro; en y desde el cuerpo.

Implican, pues, una infinidad de posturas desde donde surge el gesto, el movimiento, la postura, la actitud, el tono –que liga el nivel emocional con el nivel energético manifiesto en el movimiento, el gesto, la postura, la actitud misma e incluso la forma–.

Empujar sobre los distintos apoyos produce una regulación del tono muscular y vital, y las distintas rutas por las que circula el movimiento –que retorna del empuje a la base de sustentación desde los apoyos– flexibilizan articulaciones regulando el tono de los músculos que las rodean. De esta manera el tono se regula y el músculo regula su tensión liberando a las articulaciones para que los huesos realicen todo el movimiento que les permite su realidad física y funcionalidad anatómica.

Nuestros primeros apoyos fueron los brazos de nuestra madre y en verdad todo su cuerpo; envolvente o no, segurizante o no. Pero su cuerpo fue nuestro primer suelo donde pisar y realizar nuestros primeros ensayos para ponernos de pie. Antes de eso, con el apoyo del cuerpo de nuestra madre establecimos contacto, primero, junto con el sostén de sus brazos, y exploración de movimientos después –como los primeros gateos que realiza el bebé sobre el cuerpo de una madre acostada–, o trepándola literalmente en otras posiciones.

Entregar nuestro peso a una base segura, como el piso y hasta el cuerpo del otro, nos otorga seguridad física y psíquica, produciendo imágenes, sensaciones y emociones agradables y es un buen punto de partida para la exploración del movimiento y un aporte interesante para profundizar búsquedas en el campo de la Danza, en las nuevas manifestaciones que buscan un bailarín más sensible, más sensorial.

La Expresión Corporal sabe de este enfoque y esta práctica si la pensamos como una experiencia que va desde *la Sensopercepción al despliegue poético en la Danza.*

Imagen Corporal[28]

Es en base a las sensaciones corporales que nos formamos una representación mental del propio cuerpo, una imagen. La Imagen Corporal es la imagen psíquica de nuestro cuerpo. Para hablar de la imagen que cada uno tiene de su propio cuerpo, encontramos tres modelos teóricos. El de Esquema Corporal y la Imagen Corporal que remiten a la conciencia, y la Imagen Inconsciente del Cuerpo, que remite al inconsciente.

M. Bernard[29] menciona a Bonnier, Pick y Head, como antecedentes importantes de finales del siglo XIX y principios del XX referidos al Esquema Corporal. Estas investigaciones buscan el fundamento biológico de la representación mental de nuestro propio cuerpo. Son de

---

28 Parte de este apartado ha sido publicado en revista *Kiné*, N° 112, junio 2014. Bs. As.
29 BERNARD, M., obra citada.

corte positivista, por lo tanto en este modelo teórico no se tienen en cuenta ni la subjetividad, ni los aspectos socioculturales y la psicología de la época, solo se ocupaba de la mente consciente y se encontraba muy ligado a la biología.

Los primeros estudios del siglo XIX que dieron base para la definición del Esquema Corporal parten de la búsqueda de una "estructura" mental que diera sostén a la experiencia sobre la cual se funda el conocimiento del propio cuerpo. El enfoque utilizado en el comienzo es exclusivamente fisiológico y nos brinda por lo tanto un modelo fisiológico desde donde hablar sobre la imagen que tenemos de nuestro propio cuerpo.

Desde esta perspectiva el Esquema Corporal queda definido como *"una estructura que organiza los datos sensoriales configurando una imagen de nuestro cuerpo que da sostén a la experiencia que nos permite el conocimiento del cuerpo propio y el uso instrumental del mismo en el mundo"*[30].

Esta imagen se nutre de nuestras percepciones corporales que desembocan en una conciencia del cuerpo. El concepto de Esquema Corporal remite, como lo plantea Schilder[31], a una imagen topográfica (topos: lugar), por lo tanto espacial y tridimensional de nuestro propio cuerpo, que nos permite la percepción del espacio corporal, la localización de las partes, en movimiento y en reposo, y el conocimiento de la postura de nuestro cuerpo, así como el reconocimiento de los límites del cuerpo y lo que sucede dentro del espacio interno. La noción de Esquema Corporal nos habla de una estructura organizada basada en la experiencia perceptiva a partir de la cual se configura una representación mental (imagen) del propio cuerpo, o más bien deberíamos decir del organismo. Esta representación mental deja una huella cerebral en el córtex a modo de mapa cerebral u homúnculo. Head propone *"una imagen del cuerpo determinada por estructuras neurológicas que corresponden a facultades percepctivo motrices de un organismo fisiológica y anatómicamente definido"*.

Según Ajuriaguerra y Hécaen[32]

...el Esquema Corporal es la representación más o menos consciente de nuestro cuerpo activo o inmóvil, de su posición en el espacio, de la postura respectiva de los distintos segmentos, del revestimiento cutáneo por medio del cual se está en contacto con el mundo.

---

30 GUIDO, R. (2009) *Cuerpo, Arte y Percepción*. IUNA, Artes del Movimiento.
31 SCHILDER, P. (1977) *Imagen y apariencia del cuerpo humano*. Bs. As.: Paidós.
32 AJURIAGUERRA, J. y HÉCAEN, H. (1952) *Méconnaissance ey Hallucinations corporelles*. París: Masson.

Imagen Corporal en Schilder

El neuropsiquista y psicoanalista austríaco tomará como punto de partida para sus investigaciones, el modelo de esquemas posturales y esquemas de la superficie del cuerpo de Head[33], los que se refieren como constitutivos del Modelo Postural. Schilder toma algunos aspectos de la perspectiva planteada por Head y refuta y agrega otros.

Head afirma que los datos posturales constituyen el elemento esencial del conocimiento de nuestro cuerpo y sobre la base de ellos se forma un "modelo postural de nosotros mismos". Habla también de la asociación de estos esquemas posturales relacionados con la posición del cuerpo y el movimiento y esquemas de la superficie de la piel, los cuales construirían un patrón o esquema de características plásticas y dinámicas.

Por su parte, Schilder rescata la importancia de los datos visuales, los cuales se asocian con la información táctil y kinestésica conformando una unidad en la percepción global de nuestro cuerpo, indisoluble. Es decir, remite a la percepción cinestésica.

En el concepto de Imagen Corporal, Schilder intenta conciliar el modelo neurofisiológico sobre el que se sustenta la noción de Esquema Postural, con la teoría de la estructura de la Gestalt y el enfoque libidinal del cuerpo propuesto por el psicoanálisis. Schilder pretende lograr un enfoque psicobiológico reforzando el concepto de organismo vivido y en relación.

Schilder toma la noción de Esquemas Posturales –entendidos como una organización singular de la postura en relación con la fuerza de gravedad–, la plasticidad de la imagen planteada por Head y las relaciona con los aspectos sociales, libidinales y emocionales.

La Imagen Corporal, en tanto plástica, se modifica no solo por los datos sensoriales sino por cómo estos son vividos emocionalmente.

La percepción nunca es neutra, siempre remite a una personalidad que la experimenta y mucho más cuando nos referimos a la percepción del propio cuerpo, lo cual plantea la complejidad de que el cuerpo sea órgano de la percepción y, a la vez, aquello percibido.

Para Schilder la Imagen Corporal es entendida como una estructura libidinal y dinámica que cambia y se construye a partir de nuestras relaciones con un medio físico, vital y social, en el que se integran todas las experiencias –perceptivas, motrices, afectivas y sexuales– incorporadas a lo largo de nuestra vida.

---

33 Tal como lo cita BERNARD, M. en *El cuerpo*, obra citada.

Schilder profundiza en el tema de la plasticidad de la imagen y nos habla de medios autoplásticos y aloplásticos que la modifican, afirmando que al modificar nuestra imagen corporal modificamos nuestra actitud psíquica. A su vez nos dice que *"todo deseo y toda tendencia libidinal, cambia la estructura de la Imagen Corporal"*.

Los medios autoplásticos son los que gestionamos por nosotros mismos mediante la imaginación, las emociones, los movimientos de valor expresivo. Respecto a la modificación mediante el movimiento, podemos reflexionar que si toda modificación de la Imagen Corporal produce cambios en la actitud psíquica, podemos inferir que todo movimiento, al modificar la Imagen Corporal, produce cambios en la actitud psíquica. Nos dice: *"el movimiento influye, así, sobre la Imagen Corporal y lleva de un cambio en la imagen del cuerpo a un cambio en la actitud psíquica"*. Y luego agrega: *"cuando existe una secuencia motriz específica, modifica la situación y actitudes internas, llegando a provocar incluso una situación imaginaria que se adapta a la situación muscular"*.

Para Schilder, el campo emocional y libidinal se expresa en el Modelo Postural del propio cuerpo. Por su parte, los medios aloplásticos remiten al agregado de objetos, vestimentas, tatuajes que pasan a formar parte de la propia imagen cargándose de líbido narcisista.

La imagen de nuestro cuerpo, gracias a la plasticidad que le es propia, puede agrandarse o achicarse, proyectarse hacia los objetos del mundo exterior o incluirlos. De este modo, la Imagen Corporal se ve sometida a una permanente autoconstrucción y autodestrucción internas. Cada cambio cualitativo y cuantitativo en la experiencia del sujeto, provoca un cambio en la Imagen Corporal.

La Imagen Corporal es considerada por diversos autores como la matriz de la formación del Yo, de la propia identidad y de la personalidad. No viene determinada genéticamente. Se va construyendo desde los primeros años de vida y nunca acaba de conformarse del todo. Ella, y el conocimiento consciente consecuente que cada uno tiene de su propio cuerpo, es un conocimiento basado en la experiencia corporal, y por lo tanto sensorial, de ser en el mundo.

Imagen Inconsciente del Cuerpo en Doltó

Francoise Doltó[34], psicoanalista francesa que ha vivido hasta hace pocos años, acuñó este término desde su propia práctica con niños,

---
34 Ver DOLTÓ, F. (1986) *La imagen inconsciente del cuerpo*. Argentina: Paidós; y (1998) *Textos Inéditos*. Madrid: Alianza Editorial.

constituyéndose en uno de los temas centrales del psicoanálisis contemporáneo, tal como lo plantea J. D. Nasio[35].

Doltó plantea un nuevo concepto de la Imagen del Cuerpo, en la que sobre la apoyatura biológica que brinda el Esquema Corporal, la Imagen del Cuerpo está ligada al sujeto y su historia. Según sus propias palabras *"se la puede considerar como la encarnación simbólica inconsciente del sujeto deseante, antes inclusive de que el individuo en cuestión sea capaz de nombrarse con el pronombre personal Yo"*.

La Imagen Corporal queda definida por Doltó como *"lugar de registro de lo inconsciente, de toda la vida relacional y a la vez es actual y actualizable mediante cualquier expresión fundada en el lenguaje verbal, dibujo, modelado, musical, plástica, mímica y gestual"*. Gracias a ella podemos entrar en comunicación con el otro en una trama que articula un pasado inconsciente que resuena en la situación presente.

Según Nasio, esta imagen contiene y se construye a partir de las primeras sensaciones que experimenta el feto y luego el bebé hasta los tres años de vida en el contacto corporal, afectivo y simbólico con la propia madre. De esta manera vemos que los contenidos de la Imagen Inconsciente del Cuerpo resultan del orden arcaico.

Para Nasio *"las imágenes inconscientes del cuerpo son el inconsciente mismo, los impactos psíquicos de las primeras sensaciones"*, y postula que

...la Imagen Inconsciente del cuerpo es el inconsciente embrionario y que la matriz del inconsciente es el cuerpo..., no nuestro organismo de carne y hueso, sino un cuerpo impregnado de la presencia del otro, vibrante ante la presencia carnal, deseante y simbólica del otro. Precisamente en ese cuerpo, cuerpo eminentemente relacional, palpitan las sensaciones cuyas huellas son las imágenes constitutivas del inconsciente.

A modo de conclusión reflexiva

La conciencia que tenemos de nuestro cuerpo es lo que percibimos de él. Es decir nuestra conciencia corporal se relaciona con la experiencia de autopercibirnos.

Toda percepción –que se da solo cuando el estímulo está presente y por lo tanto nos ubica en el *aquí y ahora*– configura una representación mental, o imagen, de lo percibido. De esta manera todos nos formamos una imagen mental de nuestro propio cuerpo basada en la capacidad de percibirnos.

---

35 NASIO, J. D. (2008) *Mi cuerpo y sus imágenes*. Bs. As.: Paidós.

En la Sensopercepción trabajamos en provocar, producir y desarrollar esa capacidad, volviéndonos más sensoriales en la trama sujeto-mundo.

El Esquema Corporal, la Imagen del Cuerpo y la Imagen Inconsciente del cuerpo están siempre presentes en un juego de figura fondo.

Así, podemos pensar nuestra práctica de la Expresión Corporal desde el modelo teórico del Esquema Corporal o Modelo Postural en los aprendizajes kinestésicos y posturales conscientes; la Imagen Corporal en la dimensión expresiva y sensoperceptiva y la Imagen Inconsciente del Cuerpo se despliega en cada movimiento, en cada gesto, cada postura, cada actitud, en un decir poético corporal y kinestésico surgidos de la espontaneidad.

6 // "El cuerpo desfondado"[1]

Introducción

Voy a compartir con ustedes algunas de mis reflexiones actuales que orientan el sentido de mi trabajo con los alumnos universitarios de la UBA y de la UNA (ex IUNA), en el campo del arte del movimiento, del cuerpo y de las artes del espectáculo.

Centraré esta exposición impregnada de la lectura del último libro del antropólogo francés A. Le Bretón, llamado *Adiós al cuerpo* poniéndolo en relación con mis propias reflexiones acerca del tema.

De la diversidad de escenas socioculturales a considerar tomaré aquella que propone Le Bretón y en la que el cuerpo deviene en *artefacto* y su *producción* se realiza con el servicio de las biotecnologías.

Apertura

Los actuales desarrollos de las tecnociencias, ligados a una cultura del *consumo*, despliegan nuevas posibilidades de interrogación acerca de las condiciones de producción y emergencia de los cuerpos.

¿Qué corporeidades se construyen y cuáles son sus condiciones de emergencia? ¿Cuál será el impacto de las nuevas tecnologías sobre el cuerpo en el contexto de una cultura del consumo? ¿Qué imágenes se transportan, importan, inscriben?

La reflexión, considerando la complejidad del tema, nos desafía a implementar un enfoque multirreferencial. Una plataforma que ubique

---

[1] Este trabajo fue expuesto en las Jornadas de Psicoanálisis organizada por Psiche-Anudamientos, Jornadas sobre "Diagnósticos de los tiempos que corren. Tecnología y pulsión", noviembre 2007. Ponencia *"El cuerpo desfondado"*.
 Fue publicado parcialmente en revista *Kiné*, N° 86, abril 2009. Bs. As., con el título "Adiós al cuerpo".

nuestro pensamiento con el aporte de saberes provenientes de diversos campos, para pensar desde una perspectiva antropológica, sociológica, psicoanalítica, filosófica, estética e histórica, que nos permita afirmar la humanidad, y por ende *la corporeidad*, como una *construcción* que entrama las subjetividades en el seno de una matriz simbólica, social y cultural.

Demorarnos en un gesto de interrogación compartida y utilizando una mirada abierta a las diversas perspectivas que se presentan, nos permitirá pensar la diversidad de formas en las que el cuerpo es tratado, evaluado e inscripto, y a la vez pensarlo como *espacio* donde se juega una dramática que entrama tanto al orden individual como social.

De lo corporal ineludible

Para considerar lo propio de la corporeidad humana me parece imprescindible recordar la importancia que tienen en su construcción los discursos que *hablan* del cuerpo. Estos son portadores de paradigmas vigentes, ideologías y creencias que otorgan marcos de referencia sobre los cuales se tejen *tramas de interpretación y prácticas compartidas*.

Las distintas representaciones del cuerpo derivan de las maneras de concebir al ser humano y al mundo. Se sustentan en una determinada cosmovisión –que se confirma como fondo de cada experiencia individual–, en la que cada subjetividad realiza una apropiación singular de aquella red de significaciones compartidas.

Cada cultura, cada ideología, cada campo de conocimiento, cada ámbito, produce un determinado universo de representaciones sobre el cuerpo que lo define, lo valora y lo significa.

El cuerpo, entonces, no es una realidad en sí misma, cerrada y acabada, sino que se construye a partir de los discursos que hablan de él, de las prácticas que lo ordenan de un cierto modo y de movimientos subjetivos diversos que participan tanto en procesos de reproducción como de producción en la apropiación de la realidad.

De esta manera el cuerpo queda presentado como trama de atravesamientos múltiples entre una dimensión orgánica y un doble imaginario: individual y social, tal como lo plantea M. Bernard en su libro *El cuerpo*.

Imaginario biológico

J. Maisonneuve nos dice que

> ...según la manera que una sociedad se plantee el problema de la vida y de la muerte, del trabajo y de las fiestas, según la idea que ella se forje

de la naturaleza del hombre y su destino, según el valor que le asigne al placer y al saber, el cuerpo será **evaluado, tratado** y **representado** diferentemente.

En la historia de occidente la medicina, como saber hegemónico sobre el cuerpo, forja una cierta representación del mismo constituyendo un *imaginario biológico* que explicará al hombre y al mundo y se extenderá en la producción de teorías, prácticas, normas y valores.

Para el discurso de corte biologista el destino del ser humano estaría inscripto desde el comienzo tanto en su anatomía como en su morfología y sería ineludible. Desde esta perspectiva el destino humano obedece a un orden biológico poco variable. Dicho discurso, pone en escena una materialidad orgánica que da cuenta de la historia de la especie y se presenta como ya constituida, fija y cerrada.

Pero la concepción de "cuerpo" solicita alguna distinción que lo abra a la consideración de otros vectores en su construcción.

Una biología neutra y universal, común a los miembros de la especie, se convierte en *cuerpo* solo cuando un universo simbólico, encarnado en un *nosotros*, lo significa, lo regula y le genera condiciones de experiencia en cada vínculo singular y abierto con el mundo.

Un tiempo de lo pos-orgánico

En su idea de un tiempo de lo *pos-orgánico*, Le Bretón describe una resignificación, evidenciada en las prácticas sociales sobre el cuerpo, donde la anatomía deviene en *soporte* de una escenificación –que *el propio sujeto construye*– mediante el auxilio de las nuevas tecnologías y donde la transformación sucede en la materia misma del cuerpo.

Sus aportes resultan de interés, en cuanto pone de relieve una serie de prácticas, a las que Le Bretón describe y encuadra dentro de los nuevos contextos de producción de subjetividad; contextos a los que el antropólogo llama "extremos".

Dicho sea de paso, me permito observar, que el análisis que realiza expone prácticas propias de una clase social que al menos tiene sus necesidades básicas satisfechas, tiene poder adquisitivo para realizarlas y refiere también a prácticas de sujetos "bien adaptados" al orden social imperante ligado al consumo, dejando fuera de su análisis la observación de prácticas de sectores sociales marginales o excluidos del "buen orden".

Biotecnologías

Los aportes biotécnicos aparecen en la escena contemporánea produciendo nuevos mitos ligados a nuevas prácticas, generando así nuevos imaginarios sociales del cuerpo.

Sobre el ideal de la salud perfecta, que se renueva sin discontinuidades y bajo el imaginario aún vigente de la "armonía" y "perfección", se tejen nuevos mitos que la sociedad de consumo pone *al alcance de la mano*: el niño perfecto, el cuerpo biónico, o el *cyborg*. También se retoman otros, no tan nuevos, como el de la "eterna juventud" pensada *hoy* desde una nueva perspectiva –en términos de "células"–, salteando toda interrogación sobre el sujeto.

Por otro lado, la fuerza con la que se impone una "estética" que toma como soporte la propia presencia carnal nos revela un giro en la representación de lo anatómico, no ya como *destino* –tal como proponían las concepciones deterministas y evolucionistas–, sino como *un accesorio de la presencia*, al decir de Le Breton.

Así, parte de la gran escena contemporánea nos habla de un cuerpo manipulable al extremo, instancia en la que el sujeto puede hoy modelarse en cuerpo y alma a su *deseo*, con intervenciones que van de lo moderado a lo radical.

Devenir cuerpo

Cirugías y prótesis forman parte de una *intervención* en la que el individuo impone su voluntad en la transformación de la materialidad misma de su propio cuerpo. Así mismo puede *crearse una vida emocional* en su relación con el mundo.

Los psicofármacos se presentan como un kit que permite optar por tranquilizar, o "levantar" el ánimo, eliminando la angustia y desorientación que el estrés –intensificado por las condiciones de vida actuales– produce. Aparece aquí la noción que nos trae Le Bretón, de "prótesis química" que actúa frente a las exigencias del mundo contemporáneo en la producción farmacológica de sí mismo y su correlato: la medicalización del humor cotidiano.

Los aportes biotécnicos también aparecen en la escena contemporánea como forma de intervenir sobre la naturaleza en busca del hijo perfecto, hecho *a medida*.

La ingeniería genética con el proyecto del "Genoma Humano" permite a los sujetos realizar la *selección* a la medida de sus expectativas.

Si esta nueva posibilidad deviene en un mero objeto de consumo, sin introducir pensamiento y reflexión, los seres humanos podrían llegar a intervenir a su "libre albedrío" eliminando genes imperfectos o productores de enfermedad a futuro.

Una nueva forma de *prevención*, una manera de decidir sobre el *futuro*, una expectativa de ganarle a la imperfección inscripta en la anatomía. Incluso una manera de modelar el comportamiento, los rasgos emocionales y de dar así al futuro niño aquellas cualidades que soñamos. La nueva criatura que llegará al mundo podría construirse a partir de un gesto de omnipotencia demiúrgica que salta de la fantasía de los progenitores a la realidad de una existencia concreta. Padres dioses.

Otro interrogante que podemos plantearnos en las nuevas escenas de la tecnología refiere a la informática y la masificación de Internet como medio de comunicación y encuentro. ¿Cuál será el impacto sobre los vínculos humanos sostenidos en la distancia de los cuerpos? Y digo "distancia" y no "ausencia" porque en el orden humano el cuerpo siempre está presente, ya que esta noción es superadora de la idea de organismo.

Por mi parte, y frente a un estado de alerta generalizado –que se va vaciando por terminante– sobre los riesgos de esta tecnología, me permito pensar que la presencia de un cuerpo virtual favorece la emergencia de aspectos diversos de la subjetividad en el contexto de las nuevas formas de encuentro. En los cibergrupos la comunicación fluye junto con el intercambio de afectos, creación de actividades para compartir, habilitando la emergencia de vínculos diversos. Ni bueno, ni malo, en principio, este hecho observable. Solo el análisis de cada situación particular nos permitirá evaluar el alcance transformador de la vida íntima de cada individuo ya que, me parece importante recordar, la polisemia de las prácticas sobre el cuerpo nos presentan emergentes mixturados y multiplicados en cada lógica individual.

Los interrogantes se multiplican interesantes ¿hablamos de nuevas prácticas para una reiteración de sentidos subyacentes... o de nuevos sentidos que pujan por salir y se configuran en nuevas prácticas?

Le Bretón interpreta estos cambios como portadores que reproducen de un modo nuevo las antiguas representaciones de un cuerpo como "defecto", error, obstáculo, lugar de frustración que evidencia nuestra precariedad y finitud. Representaciones que, al criterio del autor, reinscriben tácitamente un discurso religioso que se actualiza inconscientemente y que se inscribiría dentro de un tiempo del *fin del cuerpo*.

"La anatomía –agrega Le Bretón– *ya no es un destino sino un accesorio de la presencia"*, observación que comparto pero al mismo tiempo, creo

escuchar una fisura interesante para pensar: de la descripción de estas prácticas también puede interpretarse a estas prácticas contemporáneas como un modo que le permite al sujeto modificar su imagen al ritmo de una subjetividad en mutación en un contexto de intensidades extremas. Formas *nuevas* que se articulan con sentidos, también *nuevos*, y que se presentan como modos *nuevos* de intervención del sujeto para transformar la imagen que *tiene* de sí mismo en la imagen que *quiere* de sí mismo y ponerse en escena, en juego, ante la mirada de los otros.

Yo diría que esa "materialidad" *inscripta, modificada, manipulada, es* un modo posible de *devenir cuerpo* en el contexto contemporáneo... algo así como nuevas orientaciones del sentido de una práctica que se repite: las prácticas sobre el cuerpo con fines estéticos; ligadas a lo que antes fuera un ideal de "belleza" y hoy tal vez se nombre como ideal de "buena forma" e incluso en la búsqueda de lo *deforme* como encaran algunos movimientos contrahegemónicos.

En estos casos yo hablaría de una "estética de la *apariencia*"; pensándola en torno a las intensidades posibles de jugar cada uno su propia intencionalidad de *"estar presente de un cierto modo"*, que también puede entenderse como una manera –a veces radical– de intervenir sobre el cuerpo como parte de un procedimiento que permite "llegar a ser". ¿Qué? No sé, pero me interesa *la búsqueda*.

El *Cuerpo*, se presenta así, como soporte existencial que se transforma para dar cuenta de una identidad que también está en transformación y busca materializarse y mostrarse ante la mirada de los otros, jugando con diversas intensidades.

Cuerpo, orientado a las prácticas de una estética –de la forma o lo deforme–, de la salud –ya sea exultante o deliberadamente fragilizada– y, en definitiva, de la *vida* en todos sus aspectos, que actualiza las fragmentaciones, los desgarramientos y el desfondamiento posmoderno de los grandes relatos que dejan al sujeto expuesto en una inmediatez de las imposiciones del consumo, de la lucha contra el tiempo y del intento –siempre renovado– de desorientar a la muerte o evadirla.

Un intento de ordenar el caos y la disgregación que impone el medio y que los seres humanos repiten de diversos modos y en diversos contextos socio históricos. Y que, en este caso particular, se presenta al modo de las representaciones capitalistas contemporáneas en una nueva escena en la que el ser humano juega el juego omnipotente de ser un creador demiúrgico, drástico y contundente.

Cuerpos, ámbitos y contextos

Cuerpos en estado de Danza[2]

Desde el año 1985 mi trabajo se desarrolla en las aulas universitarias y terciarias, en espacios de formación profesional, dedicándome a la enseñanza de Artes que tienen como eje referencial al cuerpo, entre ellas, y más específicamente, en el área de Danza.

Dentro del área de la Danza, aquella a la que yo me dedico, lleva el estigma del "patito feo". Mientras algunas danzas disciplinan y corren tras las formas homogéneas sujetándose a códigos preexistentes, la Expresión Corporal-Danza libera imágenes, indaga sensaciones, intenta aprehender algo de lo que rebasa la palabra y ponerlo en escena en un cuerpo habitado, *encarnación del sujeto deseante*.

Mientras algunos entrenamientos apuntan a generar automatismos, limar diferencias, descartar cuerpos y enaltecer los egos, la Expresión Corporal desanda los estereotipos, provoca lo diverso y busca que cada sujeto despliegue su propia poética en un gesto *vivo*.

Mientras otras se centran en el estudio de pasos y poses, nosotros proponemos devenires, trayectos, andanzas y mudanzas... Nuestros cuerpos pueden ser redondos, espigados, arremolinados y escurridizos. Incluso partidos o lastimados. Mis alumnos tienen medidas heterogéneas y mis colegas, además, arrugas. Nuestras danzas se crean en cada momento y lugar, centrados en el *aquí y ahora*, con la percepción abierta y el músculo dúctil.

Y lo que digo no es solo poética. Crear un método, convertir bonitas ideas en *experiencias reales*, donde el cuerpo es barca y océano y la conciencia no se centra, sino que se *expande*, es mi tarea en cada clase, en cada taller, en cada situación que me sea posible; desde lo profesional y con convicción personal.

Los cuerpos que se acercan a esta forma de Danza ya parecen tamizados, llegan con algunas orientaciones nítidas, semillas de futuras representaciones compartidas. Mis alumnos tienen muchos colores en el pelo, en el cuerpo, en la ropa. Lucen panzas con piercings y tatuajes; panzas redondas y panzas chatitas.

Tengo alumnos a los que miro muy para arriba, para encontrar sus ojos en lo alto, con cuerpos que me son bellamente inmensos, extensos...

---

2   Alude a la noción planteada por KESSELMAN, S. y DE GAINZA, V. (2003) *Cuerpos en estado de Arte*. Bs. As.: Lumen.

Y otros cuerpitos breves de contornos nítidos y ritmos salticantes; otros, también cuerpos, que se derraman y casi no cristalizan.

En las reflexiones nos vemos todos las caras. Nos sentamos en el piso, en círculo... nadie ocupa el centro y todos pueden *ser centro* temporariamente. Los cuerpos se ven de frente y en otros momentos se tocan las espaldas, se palpan los rostros, se huelen las llegadas.

Así en cada encuentro, lo que llamamos "clase" remite a *generar mundos* donde experiencias de este tipo sean posibles, saltando la palabra para luego, cada vez, intentar volver a ella como una experiencia nueva; como estrenando *decires*.

De esta manera, mi trabajo me regala la maravilla de ver cuerpos *desordenándose*, cuerpos en *estado de Danza*. Cuerpos que, en despliegues poéticos, dan espacio en la carne para que se *real-icen* imágenes, fragmentos, escenas, gestos, sabores, olores y devengan en danzas balbuceantes, o como me gusta decir "torcidas y fuera de eje". Danzas insurgentes y a contrapelo que habilitan el vacío y proponen el silencio para que habite, renovando el pensamiento.

Mis alumnos van aprendiéndose *nuevos* de tanto en tanto. Se asombran, se dicen, se comparten y se celebran mutuamente. No compiten por el primer lugar... porque no hay primer lugar.

De a poco, pero bien pronto, empiezan a disfrutarse tanto en el *danzar* como en el *pensarse danzando* y en el *pensar la Danza*.

El pensamiento no se disocia del cuerpo. El pensamiento *es* porque *es en un cuerpo* y el cuerpo es tal porque se engendra en el *entre* de lo nombrado y lo que no alcanza a decirse.

Con estas prácticas –que se repiten casi diariamente en alguien que cursa la carrera universitaria–, los sujetos se van haciendo *otros*, se van construyendo en la trama de *otras variables*. Se generan nuevas representaciones, se comparten nuevos valores, se instituyen nuevos gestos, deviniendo orientados –por la potencia del deseo– en artistas diversos, docentes creativos, gente que gusta de *demorarse, sujetos en estado de Danza*.

Recién allí mi ojo estalla ante la presencia *viva* de multiplicidades diversas; *apropiándose de sí* en cada gesto, en cada movimiento, en cada silencio... *Otros cuerpos* que conviven, que circulan potentes entre los cuerpos alineados y alienados; embellecidos, perfeccionados, precarios y tan mortales.

7 // Expresión Corporal, nuevas tendencias

El decir del cuerpo en la Danza

La impronta de las corrientes semióticas dejaron ecos que siguen murmurando en torno al cuerpo y su posible lenguaje. Lenguaje que para comunicar implica poner en juego la presencia de códigos convencionales y compartidos que garanticen el entendimiento mutuo.

Personalmente considero que hablar de lenguaje corporal en la Danza y en la vida, implica someter el decir del cuerpo a estructuras linguísticas estableciendo equivalencias como quien aplica tablas de conversión. El intento de someter la plurivocidad propia del cuerpo a acotaciones que permitan la captura de algún sentido definitivo, alivia lo incierto a cambio de limitación.

Se pueden asumir otros riesgos y animarse a una forma más abierta que deje atrás el intento de entendimiento lineal y racional de aquello que el cuerpo y su despliegue pone en escena e involucrarse en el flujo de percepciones, emociones y representaciones puestas en juego en la intercorporeidad que entrecruza los cuerpos del bailarín o performer y el espectador.

Soltarse en la experiencia de lo inasible que el cuerpo propone como juego de intercorporeidades, es una experiencia viva que organiza los encuentros, las resonancias, o las comunicaciones, de otra manera.

Una asimilación empática, propia de lo corporal, inicia el tránsito en un despliegue de tonos musculares, imágenes corporales en devenires danzantes, configuraciones gestuales, posturales, de actitud y movimiento que nos convoca a navegar en las aguas que el artista dicente nos propone.

Hay un roce en la piel que supera las distancias; el cuerpo que pone en juego el bailarín o performer arrastra al cuerpo del espectador en sus propias percepciones corporales.

El espectador vive en su cuerpo aquello que presencia. Experimenta el mundo que le propone el artista en su propioceptividad, por esto afirmamos que la participación tiene asiento en lo corporal.

El decir de la Expresión Corporal

La Expresión Corporal apunta a la construcción de unas danzas que -superando convenciones previas tanto del orden de la composición coreográfica como de la codificación del movimiento y la forma- expresen la singularidad de cada persona; su manera única y particular de ser y estar en el mundo y de dar significación a su experiencia.

La noción de cuerpo excede en mucho a la mera consideración de la realidad orgánica. El cuerpo ligado al mundo, se construye en una trama que reúne prácticas, significaciones, representaciones y afectos.

El cuerpo, para M. Bernard, se presenta como una *"topografía singular diseñada o balizada por el proceso de sensibilización erógena resultante de la experiencia sensoriomotriz y afectiva de la primera infancia y de la ulterior historia imaginativa de nuestros goces"*.

Un abordaje tal de la corporeidad nos permite construir un tránsito donde el sujeto se vuelve dúctil en el registro de sus percepciones, externas e internas, dúctil para modularse en el flujo de las emociones y dúctil también en el despliegue productivo y creativo de imágenes, energías y emociones que se configuran en el gesto, la postura, la actitud, y el movimiento.

Pensar en la expresión del cuerpo, como manifestación de una energía vital que se materializa en el movimiento y como fuente y origen de emociones, nos presenta un cuerpo como territorio a indagar, a explorar, a descubrir y habitar en cada despliegue de su espesor. Cada paso en el camino implica una apropiación deseante del propio cuerpo; y cada despliegue se convierte en un decir poético.

Conciencia del cuerpo y espacio corporal

Uno de los contenidos principales a abordar desde la Expresión Corporal es la conciencia corporal, entendida, desde mi perspectiva, como un proceso que permite "habitar" el cuerpo, el tiempo, espacio y la relación con la fuerza de gravedad, con los objetos y otros seres.

Además de referir a la postura y a la distribución de las partes en la unidad corporal, el espacio corporal se presenta como un espacio tridimensional sobre cuya base se construye y sostiene el sentimiento de mismidad.

El espacio corporal es a su vez, un *espacio expresivo* por excelencia, fundante de todos los demás espacios.

La sensorialidad aplicada a la percepción del propio cuerpo, en movimiento y en reposo, en situaciones de lucha y entrega a la fuerza de gravedad, construye la experiencia de un cuerpo presente y vivo tanto en la percepción como en la expresión, en la sensación como en el movimiento, en la emoción o el pensamiento, ambos considerados como energías.

Los apoyos, los ejes, las fuerzas que atraviesan al cuerpo y en las que está inmerso; el flujo de energías, emociones e imágenes –conscientes e inconscientes– que este mismo espacio corporal contiene y despliega, nos ponen ante un cuerpo poético, que deforma la palabra, las linealidades y supera todas las anatomías.

El espacio corporal como espacio expresivo

Pensar la conciencia corporal como una vía que permite habitar el cuerpo nos introduce de lleno en la vivencia sensorial del propio espacio corporal.

Según Merleau-Ponty: *"El espacio corporal, no es algo neutro, sino que está cargado de valores o significaciones claras que deja translucir inmediatamente o mejor dicho que 'expresa'"*. Para este filósofo francés el cuerpo es *"eminentemente un espacio expresivo"*. Pero, como agrega M. Bernard,

> ...en el orden humano, no es un espacio expresivo entre otros espacios; es el origen de todos los otros, es lo que proyecta al exterior las significaciones dándoles un lugar[,] lo cual hace que éstas cobren existencia como cosas que tenemos al alcance de nuestras manos y ante nuestros ojos. En este sentido, nuestro cuerpo es lo que forma y hace vivir un mundo, es nuestro medio general de tener un mundo.

Gesto, expresión y sentido en el arte

Milan Ivelic entiende al fenómeno de la expresión humana como una capacidad de revelación: *"el hombre se revela al expresarse"*, afirma, y sostiene que la expresión gestual no es una mera envoltura, sino que es *"una manifestación, una revelación del ser íntimo"*. Ivelic afirma que el sentido del gesto expresivo no debe buscarse desde el exterior como si fuera un signo; *"el gesto de la cólera es la cólera"*.

La expresión gestual, entonces no es un mero vehículo transmisor o traductor de un sentido previo. *"La expresión no traduce un sentido, sino que lo efectúa, lo hace existir"*, nos dice, y mas adelante agrega contundente: *"La expresión es la génesis de un sentido inédito"*. Es de esta manera, según el autor, que la operación expresiva del arte realiza o efectúa la significación.

Como afirma J. Dropsy[1] *"no es el espíritu el que se inquieta y el cuerpo el que se contrae. Es la persona íntegra que se expresa"*.

Al habitar el espacio corporal, al experimentar la plasticidad de la propia imagen, al presenciar un despliegue del movimiento, una configuración de sensaciones, imágenes y emociones que coagula diferente en cada aquí y ahora; al experimentar los flujos de energías y la duración de cada instante, no se hace necesario agregar nada para que el cuerpo y el movimiento sean "expresivos", porque el cuerpo es la expresión directa de lo que la persona es en ese instante.

Gesto, emoción

Por su parte, Pavis[2] nos dice –refiriéndose al trabajo emocional en artes que implican al cuerpo– que algunas veces las emociones

...han sido codificadas, recopiladas y catalogadas en un estilo de interpretación, por ejemplo en la interpretación melodramática del siglo XIX, en las actitudes retóricas de la tragedia clásica, o en las tradiciones no europeas...

También: *"En ocasiones, los mimos occidentales (Decroux, Marceau, Leccocq) han intentado codificar las emociones con ayuda de un tipo de movimiento o actitud"*. Según Lecocq *"cada estado pasional se encuentra en algún movimiento corriente: el orgullo sube, los celos tuercen a un lado, y se esconden, la vergüenza inclina y la vanidad gira"*.

En la práctica contemporánea podemos ver un giro interesante que puede articularse con la plataforma que vengo presentando. *"En la práctica contemporánea* –dice Pavis– *desde Meyerhold y Artaud hasta Grotowski y Barba, el actor da a leer directamente emociones ya traducidas en acciones físicas"*.

El subjetivismo estético en su forma más radical propone un expresionismo subjetivista de corte psicológico, donde el artista desea mostrar lo "que lleva dentro", expresar su personalidad.

Pero en el contexto contemporáneo coexisten otras opciones.

---

1   DROPSY, J. (1982) *Vivir en su cuerpo*. Bs. As.: Paidós.
2   PAVIS, P. (2000) *El análisis de los espectáculos –teatro, mimo, danza y cine*. Barcelona: Piadós.

La emoción es pensada como energía y no solo refiere a sentimientos particulares, propios de la vida privada de un sujeto dado. Ella, en el arte, se pone de manifiesto en su dimensión estética y energética. Así, para el artista puede ser entendida como uno más de los materiales con los que trabaja y produce.

> Para el actor las emociones dejan de ser, como en la realidad efectiva, un 'trastorno súbito y pasajero, un gancho en la trayectoria de la vida cotidiana' y se convierten en movilizaciones, emociones físicas y mentales que lo motivan en la dinámica de su interpretación, en el espacio-tiempo-acción de la fábula en la que se inscribe[3].

Reflexiones desde la práctica profesional

Sobre estas consideraciones, entre otras, es posible sustentar una práctica de la Expresión Corporal que pueda ser pensada en los nuevos contextos de producción práctica como teórica.

Abordar el cuerpo y la Danza desde la Expresión Corporal implica una apuesta diferente, con una metodología particular, muchas veces difícil de explicar o de entender.

La propuesta se renueva al pensar la expresión del cuerpo en términos de una arqueología de tonos musculares que se configuran en diferentes imágenes, gestos, posturas y movimientos, desplegando afectos encarnados en gestos plurívocos y efímeros.

El cuerpo y el movimiento despliega y encarna –ante sí mismo y el otro– una arquitectura de tonos musculares, una galería de gestos y posiciones, un despliegue de movimientos y dinámicas diversas, una poética encarnada que se hace y deshace en cada gesto, en cada postura, en cada actitud y en cada movimiento y acción.

En los trabajos de improvisación, la espontaneidad nos presenta un cuerpo como lugar donde se juega una dramática inconsciente, un tejido de fuerzas, flujos y energías en tensiones diversas que resuenan en síntesis de movimientos, gestos, desplazamientos, posturas, miradas, entonaciones de la voz, producciones sonoras, formas, sombras, silencios, gritos, palabras, ausencias, trozos, fragmentos que se reúnen en configuraciones volátiles y efímeras que dejan tras de sí los rastros de significaciones y sentidos posibles y aun imposibles.

Se requiere de cuerpos abiertos, de una sensibilidad dúctil, capaz de experimentar los fenómenos y paladear los signos. Un espectador que

---

3 *Ídem.*

juega activamente tendiendo unas redes de sentidos posibles de una obra o evento que se propone como mundo a compartir.

La práctica de la Expresión Corporal

La Sensopercepción, como técnica de base de la Expresión Corporal, apunta a la construcción de esas corporeidades abiertas a lo sensible, capaces de ser poéticas.

Mal se la entiende cuando se la considera como una práctica limitada a la conciencia del cuerpo y del movimiento, limitándola a la experiencia de una anatomía vivenciada y consciente.

La experiencia sensible en la práctica de la Expresión Corporal no solo apunta a una conciencia corporal, y mucho menos para pensarla al servicio de un uso instrumental del cuerpo. Nociones que son incompatibles con el marco y consideración de lo humano, del cuerpo, del movimiento y del arte que se manejan en los pensamientos y principios fundantes de la Expresión Corporal.

La experiencia sensorial transita un camino que permite abrir puertas: de la percepción, de la memoria y de lo inmemorial, de la palabra y de lo que no la tiene. Al mismo tiempo la capacidad de asociación con otras áreas que tiene la dimensión sensorial y perceptiva, liga y articula de modos invisibles, sensaciones con movimientos, imágenes, pensamientos, sentimientos, y acciones. Y permite un despliegue poético de fragmentos dispersos: de imágenes, de emociones, de sentidos, gestos, de palabras, de silencios y duraciones diversas en que la energía se materializa.

El bailarín o performer, cada vez que entra en improvisación juega a dejar fluir esos devenires en el movimiento, en cada gesto, en cada actitud; la mirada, el olfato, el silencio o la luz… todo afectando al cuerpo, implicando la subjetividad y habilitando la sin-razón; en movimiento y en quietud, en el suelo o en la altura, en un universo denso o liviano, en la sala, en el galpón o en la calle.

Desde mi perspectiva, desde mi vocación de seguir esas formas emergentes, el trabajo consiste en generar condiciones de experiencias para que estos tránsitos se hagan posibles. Cada clase implica generar unas condiciones de posibilidad para la emergencia de estos despliegues que llamo poéticos.

Despliegues que surgen de un "habitar" el espacio corporal; centrados en la existencia directa del cuerpo en el mundo, en el aquí y ahora de una experiencia *"muda"*, como diría Merleau-Ponty.

Esa experiencia muda forma parte de un texto vivido, previo a la palabra y donde la palabra no alcanza, cuyo sentido circula por diversas configuraciones: el gesto, el sonido, el movimiento, la imagen, la postura, la voz.

La Sensopercepción –como técnica de base de la Expresión Corporal– indaga en las experiencias sensoriales como fundamento corporal de otros procesos, afectivos, intelectuales, imaginarios, que se manifiestan o expresan en el movimiento gracias a la unidad psicomotriz y psicotónica.

De este modo, decir que el movimiento expresa una subjetividad en situación, refiere a los entrelazamientos sujeto-mundo considerados como entrecruzamientos cuerpo-mundo. Implica referir a lo histórico pero también a lo mítico, a lo poético, y a lo que por mucho tiempo fuera considerado como el lado oscuro de la razón.

En cada devenir del movimiento, en cada juego con una fuerza de gravedad que atrae, en cada potencia desplegada y en cada tono modulado se asocian contenidos imaginarios que toman al espesor del cuerpo como un lugar donde materializar la energía en la forma de un gesto, una mirada, un desplazamiento, una escena; siempre que hablemos de espontaneidad. En el gesto o movimiento o postura, codificados, ya sea socialmente o estéticamente, la energía se encuentra capturada configurando el modelo adquirido por imitación. Mientras que la expresión de la que hablo se da en la espontaneidad.

Una dramática inconsciente se despliega en cada movimiento, introduciéndonos en su propio decir, en su propia dimensión: la del cuerpo. Esta dramática pone en juego los cuerpos, tanto de intérpretes como de espectadores.

El crítico de Danza John Martin[41] afirma que la comunicación entre el actor y el espectador se sostiene en la percepción kinestésica[5], gracias a la cual lo que el observador recibe como estímulo por parte de la obra resuena en su cuerpo. *"En el cuerpo del espectador se da una respuesta kinestésica* –nos dice–; *éste reproduce, en sí mismo, y en parte, la experiencia del bailarín"*. Llama como *metakinesis* a la correlación existente entre lo físico y lo psíquico, a lo que considera *"dos aspectos de una única realidad fundamental"*[6].

---

4   En *The Modern Dance*. New York: Barnes.
5   La sensibilidad kinestésica es la que nos permite reconocer la posición y el movimiento del cuerpo en el espacio.
6   Citado por PAVIS, P., en *Diccionario de Teatro...*, obra citada.

Pavis nos dice que el espectador experimenta estésicamente[7] el movimiento del objeto percibido:

...sigue corporalmente las variaciones del bailarín-actor y la dinámica del espectáculo. Barba nos habla de espectadores capaces de seguir o acompañar al actor en la 'Danza del pensamiento-acción'. Habla de espectadores capaces de experimentar y hacer explícitos los movimientos y sensaciones de su cuerpo, de percibir el 'pensamiento en acción' y el cuerpo de los performers y de la performance como una 'autobiografía', esto es como una escritura en el cuerpo del actor y el espectador, una escritura que se inscribiría en la escena descripta.

Dirá también que lo importante es *"no agotar la enumeración de los significantes, sino percibir con los cinco sentidos su dinámica. La experiencia de los sentidos, aesthesis, es también la participación emocional del espectador, el hecho de que esté ahí".*

El cuerpo en movimiento y sus producciones desafían nuestras habituales formas de comunicación y encuentro promoviendo la emergencia de nuevas significaciones y nuevos universos de sentido. En esta experiencia las relaciones unívocas entre significado y significante se ven disueltas. Espectador e intérprete deben ubicarse con presencia en sus propios cuerpos en el aquí y ahora. El cuerpo nos habla en lengua kinestésica, energética, de flujos pulsionales y libidinales; nos introduce en una dimensión imaginaria y vital.

La Expresión Corporal busca entrenar estos tránsitos, los vuelve caminos provisorios, siempre andados, y habilita al cuerpo en su capacidad de decir propia.

Lo específico de mi propuesta en la Expresión Corporal se centra en el camino de un "habitar el cuerpo" y de esta manera ponerlo en disponibilidad para que el flujo del movimiento encarne energías, imágenes, sensaciones y afectos en un devenir de entrega a lo espontáneo, centrado en la presencia viva en el aquí y ahora, que deviene en Danza, que habita el espacio y la duración del momento.

El objetivo es estar presente en la duración, en el momento en que nace y deviene un movimiento en un gesto, una escena, una acción. Trabajo con un abordaje sensoperceptivo y creativo centrado en la exploración, en la búsqueda errática, y en la improvisación arraigada en el acontecimiento.

Me preocupan los tránsitos, el entrenamiento y la posibilidad de configurar una metodología específica, basada en fundamentos como

---

7   Estésicamente remite a las sensaciones y percepciones que la obra produce en el espectador.

los que aquí he presentado. Además, me interesa ponerle gesto y palabra a aquello que la Expresión Corporal pueda decirnos hoy, participando activamente de la escena contemporánea en la que la Danza se piensa a sí misma y abre sus propios interrogantes.

Resulta interesante y desafiante pensar desde nuevos vectores y perspectivas; emergentes de la articulación de saberes de diversos campos capaces de configurar nuevas plataformas de reflexión y acción que renuevan tanto el pensamiento como la Danza misma.

Estas nuevas posibilidades que se abren para la Danza –una Danza y unos cuerpos que convocan la atención de antropólogos, sociólogos, psicólogos, filósofos e historiadores– están abriendo nuevos territorios del pensamiento dentro del campo de la Danza misma.

Desde nuevas perspectivas es posible volver a pensar tanto los procesos de creación, como las nuevas experiencias corporales y subjetivas que los abordajes y entrenamientos ponen en juego.

Es posible reflexionar también en torno al tipo de experiencia estética que las nuevas producciones proponen; a la implicancia del cuerpo, la imagen, los flujos de tensiones diversos ligados al instante de cada aquí y ahora, y a los nuevos desafíos de una percepción corporal que vuelve a estar en la escena de las técnicas tanto como de la producción teórica.

Es posible poner al cuerpo –o a la "corporeidad"– en calidad de perspectiva de análisis en un proceso de actualización que el contexto contemporáneo reclama para su observación y reflexión

El cuerpo en su entrecruzamiento orgánico, imaginario y social nos presenta unas corporeidades que danzan y unas danzas que suceden en el cuerpo.

Una Danza que empieza a pensarse a sí mima, a su propio decir, abriendo sus propios interrogantes en un momento que se me hace inaugural.

La improvisación como camino

Expresión Corporal e improvisación

La Expresión Corporal nos entrena en el aquí y ahora a través de la improvisación, ubicándonos en el presente con una presencia diferente. Centrada en la búsqueda errática, erótica y espontánea, la improvisación se presenta tanto en el tránsito sensoperceptivo, como en la performance, o en el proceso de composición de obra.

La creatividad se despliega en el acto de improvisar en organizaciones provisorias y poéticas, de lógicas no lineales y voces múltiples. El cuerpo encarnado en el tiempo y espacio de su *estar ahí* se despliega en cada movimiento, en cada gesto, en cada actitud, en una performance sensible y poética. El pensamiento en palabras da lugar al pensamiento en imágenes[8] y estas se asocian a sensaciones, emociones y movimientos, abriendo al decir en su posibilidad de entramados múltiples. Así, el sujeto implicado emerge autor e intérprete encarnado en un acontecimiento que solo se da en el aquí y ahora.

Desde los primeros pasos en la Expresión Corporal estos tránsitos están presentes en los procesos de aprendizajes, tanto motores, como expresivos y poéticos-creativos a través de la percepción del propio cuerpo.

Los procesos se presentan complejos, aleatorios, de hibridaciones diversas, jugando al borde de lo imprevisible y lo incierto. El bailarín de Expresión Corporal en su estado pleno es un verdadero atleta en esto de bailar al filo del vacío creador, movilizante y desestructurador, a la vez que creador de nuevas organizaciones, en un ritmo vertiginoso. La improvisación siempre está presente en la acción del bailarín de Expresión Corporal, como una apropiación de sí mismo, del tiempo, del espacio y de la energía.

La improvisación permite la exploración del cuerpo y la subjetividad donde se entraman el orden imaginario, con la dimensión biológica y social. El cuerpo, como encarnación de un sujeto deseante, despliega en su motricidad, su gestualidad y su imagen, un flujo entramado de imágenes, percepciones y emociones que encarnan en las danzas emergentes, espontáneas. Danzas provisorias, tránsitos danzados, poética del cuerpo donde lo imaginario se despliega en cada acontecimiento.

La palabra como guía

También es poética la palabra que abre un mundo a ser explorado por la percepción, sustituyendo el camino de la imitación de modelos mecánicamente adquiridos.

La palabra convoca ecos insondables, genera una esfera de experiencia sensible, acompaña y abre los caminos para ser transitados por cada corporeidad. La palabra hecha consigna legitima búsquedas y espera en la orilla el retorno de las indagaciones profundas. En su decir admite,

---

8   Más primitivo desde el punto de vista filogenético como ontogenético.

desafía, provoca y convoca la emergencia de lo nuevo. La palabra poética en las consignas crea un mundo a ser explorado, invita a la aventura de soltar amarras y otorga sostén en un marco lúdico creativo. Supera la metodología de los modelos previos e introduce en la experiencia de transitar lo desconocido, instancias en las que es posible hallar lo nuevo.

El orden imaginario

La Danza se ubica mucho más allá de la biomecánica orgánica. En tanto implica la corporeidad implica un despliegue imaginario que fluye siguiendo sus propias reglas, su propia lógica: poética, onírica, lúdica.

El orden imaginario pertenece a una construcción dentro del espacio psíquico inconsciente y, en tanto configuraciones internas, constituye el escenario íntimo subjetivo.

Freud afirma que en el inconsciente las representaciones son esencialmente imágenes visuales que no están ligadas al lenguaje verbal, a las que llamó representación-cosa. Al no estar ligadas al orden verbal el devenir de las imágenes no sigue un ordenamiento secuencial de lógica lineal propia del sistema consciente, sino que emerge discontinuo, fragmentario, plurívoco, múltiple.

Según Bachelard el vocablo fundamental que corresponde a imaginación no es imagen sino imaginario. *"El valor de una imagen* –afirma– *se mide en la extensión de su aureola imaginaria"*[9]. Corresponden al orden imaginario el sueño, la fantasía, el juego, el arte, las creencias; manteniendo una estrecha relación con la afectividad.

El imaginario individual da cuenta de la historia del sujeto sostenido en la trama de sus primeros vínculos.

El imaginario social remite a cómo la macroestructura social produce interioridad psíquica en los sujetos; de modo tal que la estructura social deviene en fantasía inconsciente. Aquel, es un estructurante psíquico que actúa como telón de fondo de nuestras acciones, pensamientos, sensaciones y sentimientos.

El orden imaginario encarna en el cuerpo trascendiendo el orden meramente orgánico y construyendo corporeidad. Una corporeidad que se despliega en el movimiento, el gesto, la postura, la actitud, el tono muscular.

---

9   BACHELARD, G. (1965) *La poética del espacio*. México: Fondo de Cultura Económica.

La corporeidad se expresa en el flujo de imágenes, energías y fuerzas diversas. Fuerza de la acción muscular, fuerza del pensamiento, fuerza de la imagen, fuerza del acontecimiento.

La Danza de creación espontánea implica un despliegue imaginario que se configura en diversas imágenes en las que el cuerpo se entrelaza, se transfigura y se construye superando la imagen anatómica. Cuerpo que deviene poético y danza la vida imaginaria. Sujeto que adviene en autor e intérprete de su propia Danza. Danza que se libera de los códigos fijados de antemano y surge lúdica y creativa por excelencia. Danza que todos podemos danzar internándonos en una aventura subjetivante.

Percepción estética

La experiencia estética nos habla de una serie de fenómenos encarnados en una conciencia que se sitúa en el aquí y ahora, donde el estímulo se encuentra presente.

La obra nos pide un seguimiento con el cuerpo de aquello que acontece. La percepción se ve desafiada y debe salirse de sus usos habituales –que construyen esquemas de percepción, pensamiento, emoción y movimiento– y debe abrirse, transformarse en percepción abierta y estética, ligada al fluir del momento.

La percepción estética reencuentra al sujeto en un vínculo abierto con sí mismo y con el mundo brindando un piso a toda interpretación o pensamiento; siempre posterior.

El seguimiento de la obra con nuestro cuerpo es la base de la percepción estética. En su devenir, el acontecimiento nos pide que transitemos un mismo camino que implica su construcción; aquel en el que nuestra percepción, podríamos decir, desestructura sus habituales modos, e *improvisa* nuevos vínculos con el mundo y con sí misma produciendo realidad.

Así, tanto el bailarín como el espectador participan de un encuentro en el que los dos ponen su cuerpo en el aquí y ahora de una experiencia sensible, que es a la vez estética y política.

8 // De la percepción del propio cuerpo al despliegue imaginario en la Danza[1]

Introducción

La Expresión Corporal es una forma de Danza centrada en las percepciones de un cuerpo entendido no solo como organismo sino como encarnación de un sujeto situado en el mundo; son primordiales en ella la conciencia corporal y la improvisación. Improvisación y percepción que se dan como camino, tanto en las faces de exploración del cuerpo en movimiento, para abrir o despertar una sensibilidad que dé lugar a una presencia diferente al danzar, como en los momentos de producción y construcción creativa. Tomando este camino y esta interpretación de la Expresión Corporal apuntamos a la creación de danzas espontáneas centradas en la percepción del propio cuerpo situado en el mundo.

Ponencia

Trabajar sobre la articulación existente entre sensación, imagen, movimiento y emoción permite el despliegue imaginario del cuerpo y el movimiento en la creación de danzas espontáneas. Uno de sus principales objetivos es despertar la conciencia corporal para habilitar la experiencia de estar presente, habitando el cuerpo en el mundo.

La técnica de base de la Expresión Corporal es la Sensopercepción. Una técnica sensorial para la Danza centrada en las percepciones del propio cuerpo que, a mi entender, nos ubica en el aquí y ahora al que refiere la Filosofía de Merleau-Ponty.

---

1 Ponencia en el 1º Congreso Internacional de Artes, Revueltas del Arte. UNA. Noviembre 2014.

El aquí, como espacio corporal, espacio expresivo por excelencia y fundante de todos los demás espacios, parafraseando a M. Bernard[2]. Y el ahora como tiempo presente.

En la percepción el estímulo debe estar presente, de este modo en él nos ubica volviéndonos más sensoriales, conectados con nosotros mismos y con el entorno de un modo diferente.

Las sensaciones, presentes desde tempranas etapas fetales, se asocian a imágenes inconscientes, sentimientos, pensamientos y movimientos.

Merleau-Ponty afirma que la experiencia sensorial es "muda", anterior a la palabra. La palabra se relaciona con la conciencia. Es posible inferir que si tal experiencia sensorial es anterior a la palabra y por ende a la conciencia, se relaciona, entonces, íntimamente con el orden inconsciente; y así podemos afirmar, con Bernard, que el imaginario está en la sensación y que el imaginario es el motor de la Danza. Cuando danzamos desde imágenes sensoriales, lo que se despliega es el inconsciente.

Trabajar la Danza a partir de las percepciones corporales permite el despliegue imaginario en la Danza, en la creación de danzas espontáneas, donde el movimiento, el gesto, la actitud no son estereotipados, ni intelectualizados, ni planificados de antemano.

El cuerpo, para F. Doltó (1986), es la encarnación inconsciente del sujeto deseante. Para Nasio (2008), la matriz del inconsciente es el cuerpo –distinto del organismo–.

El organismo es la estructura material que sostiene la vida del ser y da cuenta de la especie a la que pertenecemos. Contiene en sí la memoria filogenética de la especie y es estático, no cambia desde la edad de piedra. En cambio el cuerpo, como dirá M. Bernard[3], responde a una realidad biológica, atravesada por un doble imaginario: individual y social. Lo imaginario responde al orden del inconsciente. El cuerpo da cuenta de la historia del sujeto, fundada *entre* cuerpos y es dinámico y epocal.

El cuerpo contiene en sí el registro de toda la historia del sujeto desde aquellas tempranas etapas fetales. Esta historia encarnada en sensaciones e imágenes que se alojan en el inconsciente, se despliega en el movimiento poniendo en juego una dramática inconsciente, imaginaria, poética, que no responde a la gestual codificada como lenguaje de la vida cotidiana, ni a su orden.

De esta manera, las danzas improvisadas, ligadas a la espontaneidad, donde se pone en juego la percepción de un instante espontáneo del

---

2 BERNARD, M. *El cuerpo*, obra citada.

3 *Ídem.*

devenir, nos ubican en el presente, en el aquí y ahora, donde la vida acontece. Danzas que no siguen un argumento planteado de antemano sino que se despliega inesperado ente la mirada del bailarín que es autor e intérprete de su creación. Despliegues *poéticos* del cuerpo, porque abre los significantes a múltiples significados por advenir.

Intervenir sobre la percepción no es un hecho ingenuo. Existe una dimensión política de la percepción y un régimen de lo sensible que otorga legitimación a las percepciones aceptables dentro de determinada sociedad. Atravesar experiencias sensoriales focalizadas en el cuerpo implica un enfrentamiento con nuestros hábitos cotidianos. La Sensopercepción, en tanto técnica extracotidiana, propone una experiencia corporal que desafía nuestros hábitos perceptivos generando una ruptura, una discontinuidad que desafía nuestras referencias y exige la reacomodación de nuestra sensibilidad.

Es a partir de la percepción que construimos una interpretación de nosotros mismos y del mundo. Los modelos sensoriales adquiridos en la vida cotidiana nos ofrecen marcos de interpretación y de significación de nuestra experiencia en el mundo, a la vez que la legitiman. Por lo tanto podemos afirmar que la Sensopercepción al abrir la experiencia a diversas posibilidades sensoriales y significaciones genera autonomía en el sujeto diluyendo bloqueos y estereotipos, dando lugar a la emergencia de lo nuevo y lo singular.

Si miramos desde un atravesamiento político, podemos decir también que la Sensopercepción es un práctica contracultural y de resistencia. Contracultural porque no existe instancia en nuestras prácticas culturales hegemónicas que nos oriente a una experiencia sensorial de nosotros mismos y el mundo. En este sentido podemos decir que es una técnica "extracotidiana". Y de resistencia porque al orden del capitalismo productivo no le sirven ni interesan los cuerpos sensibles, los sujetos sensoriales. Porque de serlo, nadie puede resistir la rutina hostil que muchos ámbitos laborales ponen en juego, disciplinando los cuerpos. Al modelo hegemónico le interesan más los cuerpos y sujetos disciplinados, insensibilizados, orientados a las capacidades intelectuales en un desarrollo racional, que los cuerpos heterogéneos y los sujetos sensoriales, porque de serlo, son sujetos críticos y autónomos, encarnados en la realidad de un modo diferente al que proponen los paradigmas hegemónicos de Occidente.

Como técnica de la Expresión Corporal, la Sensopercepción trabaja sobre los entrenamientos sensibles-motores y expresivos para la Danza, basados en la conciencia corporal, postural y kinestésica centradas en las percepciones del propio cuerpo en relaciones diversas con la fuerza de gravedad, con el espacio, con la energía, con la temporalidad, con el otro, es decir, estableciendo relaciones sensoriales con el medio vincular y vital por medio del cuerpo y la exploración lúdico creativa del movimiento sensible consciente. De esta manera podemos decir que es una técnica sensorial para la Danza que propone la indagación fenomenológica de la experiencia corporal y que incluye el despliegue poético –kinestésico y corporal (gestual, dramático, actitudinal)–, en la trama que reúne sensaciones con imágenes y emociones y estas con movimientos, gestos, posturas y actitudes expresadas en la unidad psicomotriz y psicotónica. Se despliegan así contenidos que habitan la memoria y aun lo que no llega a ella y viven en el inconsciente de un sujeto encarnado en su corporeidad. Y se despliegan entramados al movimiento en una dimensión simbólica e imaginaria, que podemos llamar *poética*, y que se presentifica desde la corporeidad danzante.

Cosecharemos todas las siembras

Los momentos de recoger la cosecha se presentan asombrosos, gratos. Son momentos de esplendores donde las imágenes se materializan ante nosotros y siempre devienen otras… y ese es su *decir*, mostrarse en tránsito, en plena manifestación poniéndonos en resonancia cada vez y tal vez haga falta repetir: esto sucede, esto se muestra, esto se vislumbra… y el camino del cuerpo es una vía posible, un camino interesante a recorrer, un lugar por donde comenzar la marcha, haciendo senderos, bifurcando caminos.

Siempre podemos ubicarnos como espectadores en celebración, en apertura, en estado receptivo dispuestos a participar cuerpo a cuerpo.

Lo que las Instituciones de Formación preveen como momentos instituidos de evaluación, incluyendo métodos todavía basados en la cuantificación, la medición, y la calificación nos desafía a buscar la manera de incluir otra mirada que oriente la misma evaluación siguiendo –mientras se accionan cambios– las reglas de juego que lo institucional implica.

Aunque parezca difícil, es necesario animarse a transitar por momentos nebulosos o que no nos parezcan tan "claros". Es necesario hacer experiencias que nos permitan investigar para luego ponerles palabra, fundamento y nombrarlas para que las instituciones las escuchen.

Hablo de los "exámenes", que en nuestra actividad específica se pueden presentar en su instancia teórica –oral o en ejercicios de escritura– como práctica, en la forma de un dictado de clase o de una muestra de trabajo donde el eje es su manifestación en la materia misma del cuerpo, el movimiento, el gesto, la imagen, el uso de la energía en el espacio y el tiempo.

En nuestra actividad siempre hay un *"algo"* que reclama ser reconocido para *devolver* al alumno, cual espejo mediante la mirada, alguna imagen –de las tantas posibles– de su proceso en cierta instancia o esfera de su recorrido. Es "algo" que parece quedar fuera de toda medición y que tanto docentes como alumnos reclamamos pueda ser *dicho*. Algo que elude la medición y descarta todo gesto calificador o examinador. Tal vez por eso algunos se sientan –o nos sintamos– al borde –por ser difícil de explicitar– cada vez que podemos ver pero no queremos calificar ese "algo" que por su propia naturaleza elude toda captura de la medición. Y sin embargo es tan patente... es tan evidente.

No hay dispositivo que garantice la vista automática de estos vectores para su consideración en términos de calificación. Tampoco hay modo de hacerlo siempre. A veces sucede y a veces demora... y ni que hablar de la homogeneización de las "fechas" asignadas para las evaluaciones. Cada fruto madura a su tiempo y solo ahí el docente puede dar cuenta de su registro del otro y de lo que está viendo o percibiendo, incluso evaluando o sometiendo a reflexión.

Hay un plus escurridizo que resiste a ser capturado por la medición, la cuantificación, la calificación, es cierto. Sin embargo puede ser dicho, subrayado, indicado, mostrado, expuesto ante la mirada del otro para que el otro se vea en algún reflejo que pueda capturar y así saberse vinculados por un juego en el que participa el deseo.

Este plus, debe encontrar un modo de ser dicho, de ser mostrado y para esto tal vez deba conservar su carácter de incapturable y ser ofrecido también como un plus de la "evaluación" que ofrece el contexto institucional.

A continuación comparto con ustedes la alegría de la buena cosecha en fragmentos de un trabajo escrito sobre experiencias transitadas en clase, de una estudiante de la carrera de Licenciatura en Composición Coreográfica, mención Expresión Corporal, de la UNA (ex IUNA), Departamento de Artes del Movimiento, Alilín Canale, quien pone en palabras su experiencia del cuerpo vivido:

1. Desde el comienzo de la clase, me encuentro conmigo en el suelo. Entregándole a la tierra todo mi peso.

Desde un desperezo empiezo a moverme y, como si fuese un gusanito, empiezo a transitar el espacio (que me otorga el piso). Busco tener la mayor cantidad de contacto con él. En cierto punto decido que ya es demasiado, quiero despegar.

Y busco moverme desde mi centro, para un lado, para el otro, atrás, adelante. El espacio tiene infinitos planos y líneas para transitar y emprender mi viaje de roladas y rodadas.

Una pierna que me lleva el tronco, me sienta, y descubro el apoyo y el sostén que me dan mis ísquiones, "mis pies de más arriba". Pruebo quedar sobre uno solo y percibo que el resto del tronco se ve implicado. Sigo jugando con ellos hasta que, como una niña, empiezo a gatear…

2. Mi rodillo me acompañó a la clase, lo coloco un poco más arriba de mi cóccix, y me hundo en él. Relajo mi orificio anal, mi vagina, mi centro. Coloco las manos debajo del ombligo y llevo mi respiración a ese lugar. Con cada exhalación me relajo aun más. Lo presiono levemente con mi sacro, y luego suelto. Elevo una espina ilíaca y luego suelto, y así busco distintas maneras de tensionar y relajar la zona. Saco el rodillo… Se abrió un canal, un espacio…

3. Mi compañera se coloca decúbito ventral. Yo la observo, la analizo para reconocer su cuerpo, su contorno, sus zonas óseas y sus zonas con mucha masa muscular.

Muy despacito, como si quisiera entrar a la bañadera, me coloco con mi centro sobre el de ella. Y con la misma calidad de movimiento, empiezo a rodar sobre su espalda, como si fuese un rodillo, desde unos centímetros antes de su séptima vértebra lumbar, hasta unos centímetros antes de su hueco poplíteo. Empiezo a deslizarme, entrar y salir de ella. Ella me da la superficie de apoyo en donde acontece mi Danza…

4. Caminar. Avanzar sobre una superficie a pie, paso a paso, de manera que al menos un pie esté siempre en el suelo. ¿Desde dónde lo hago? ¿Cómo me organizo para estar de pie y dar el primer paso? ¿Desde la coxo-femoral? ¿Desde el pie? ¿Desde los metatarsos o desde los talones?

Camino normalmente, registro… Adelanto una cresta, flexiono la rodilla y apoyo el talón, tarso y metatarso. Camino para atrás, retrocedo una cresta, extiendo la cadera y apoyo punta, tarso y por último talón. ¿Y si exagero? Elevo una espina, dejo rígida la pierna y apoyo.

Dejo los dos pies apoyados, levanto el talón del que está atrás, esto me da el impulso para dar otro paso, paso el peso, levanto el talón, y así… Camino.

Mil maneras de caminar me traen la emoción de mil personas distintas. Mil caminatas, mil posturas, mil actitudes…

5. La consigna es moverse, pero estoy dura. Siento que no sé qué hacer con mi cabeza. No sé ni como ponerla, ni donde meterla. Pienso en arrancarla del cuello, y dejarla a un lado. No puedo, los pensamientos me atacan, y mis contracturas cervicales se agravan. Siento el cuello duro, siempre sosteniendo, sosteniendo, sosteniendo. No la integro al resto de mi cuerpo, me siento fragmentada.

Transcurre el tiempo y cambian las consignas, una flexión de columna, vértebra por vértebra.

Inhalo, llevo el aire a la primera charnela, el espacio entre el hueso occipital y la primera vértebra cervical. Exhalo... Suelto. Inhalo nuevamente, repito lo mismo, visualizando con mi imaginación, y mezclando con las sensaciones/percepciones que de allí provienen, la unión entre el axis y el atlas. Exhalo y suelto. Me tomo todo mi tiempo para soltar, para dejar que la gravedad realmente actué sobre la flexión. Me doy cuenta de que hago las cosas con mucho esfuerzo, demasiado esfuerzo, mucha más fuerza que la gravitacional... Me apiado de mis músculos tónicos, me río de mi actitud de sostén, del disfraz que construí a lo largo de los años...

Muchas sensaciones me visitan, y las menos me gustan, las tensionantes se despiden... Y me encuentro lista para integrar mi cabeza en las danzas.

6. Despego del suelo en un salto, lo retengo un instante en el aire, y caigo nuevamente al suelo. Coloco mi cóccix bien adentro y giro, y salto, y giro. Mi equilibrio está increíblemente servicial a mis demandas. Me encanta, me emociona. Me sube el tono. Giro desde un brazo, desde la pierna, desde la cadera. Mi columna se encuentra tan conectada, tan larga, que siento que puedo girar desde cualquier lado, que puedo encontrar el eje, romperlo y volverlo a encontrar.

Me caigo, me levanto, salto, caigo, giro, salto y giro, y luego caigo. Y me quedo en el suelo, entregándome un momento a la fuerza de gravedad, para luego levantarme de un salto y girar, y luego...

7. Ritmo... Coordinación... Escucho Tom Waitts, su música de blues, capto el ritmo, y casi sin querer (queriendo) mis pies empiezan a danzar. Se salen un poco de la consigna (es que la música me lleva, pienso), siguen el bajo, la batería. Mis manos parecen estar muy agradablemente a gusto con su voz, por lo que hacen algo totalmente distinto que mis pies... Me encuentro fragmentada, ritmo y melodía, pero sale tan natural que ni me preocupa, coordinación (pienso)...

8. Usé la cinta de goma para llegar a estiramientos de máxima. No me gustó mucho por que sentía que hacía mucha fuerza, que el llegar a ese lugar requería de un esfuerzo inmenso que no tenía ganas de realizar. En cambio el estirar dándole tiempo al músculo para que se relaje, ayudando con la respiración, fue lo más placentero. Me imaginaba subiendo a una montaña muy despacito, transitando el sendero tranquila, respirando, disfrutando de cada paso, para luego apreciar desde la cima (o el lugar al que llegué) el camino transitado.

9. Me acuesto en decúbito dorsal, mi compañera me estira la pierna y luego la mueve. Automáticamente mi columna realiza una torsión espiralada y me coloco en decúbito ventral. Me toma del brazo y mi torso lo acompaña hacia el otro decúbito. Siento que mis huesos tienen la energía para trasladarme hacia donde quiera ir, solo debo proyectarme.

Me quedo sola, realizo los mismos movimientos, me doy cuenta que puedo usar la infinidad de planos y líneas del espacio para rolar. Puedo usar cualquiera de mis extremidades (brazos, piernas, cabeza, cóccix), cada una me va a llevar a un lugar distinto. Ahí entendí la diferencia entre rodar desde la pelvis o desde el centro, y rodar desde las extremidades. Mis extremidades me llevan a otros lugares, no es que no lo sabía, sino que no lo tenía concientizado.

10. Acostarme en el piso, darme el tiempo para "bajar" de las miles de responsabilidades, preocupaciones y emociones. Simplemente "no hacer nada", dejar de pensar, solo estar en ese momento y en ese lugar, yo conmigo y la voz de la profesora guiando, llenando mis oídos de metáforas hermosas que me sirven para descender.

Conclusión apasionada

Los textos que aquí se presentaron dan cuenta de una manera particular de resignificar la Expresión Corporal, bajo la perspectiva de una construcción personal-profesional, resultante del tránsito por distintos saberes, prácticas, técnicas y espacios de formación, que he vivido como *subjetivantes*.

Esta propuesta se apoya en considerar al ser humano como una construcción, y en tal sentido, se centra en el *aprender*. Aprender a vivir orientados al placer y volvernos más sensoriales. Pero no un placer limitado al orden de lo "primitivo".

Un placer evolucionado, desarrollado, construido activamente; crecido y en expansión, hasta abarcar el mayor tiempo posible de nuestras experiencias. Inmersos y activos en una vida que nos *acontece* entre los diferentes vínculos que mantenemos con *nuestro* entorno. Dimensión vincular que implica acciones, ideas, pensamientos, emociones, afectos, creencias, normas; fuentes de –y ellos mismos constituidos por– distintas *energías* y por lo tanto productores dialécticos de diversas *tensiones*. Tensiones, en las que inevitablemente se *juega nuestra existencia*.

Imbuida de la experiencia de *"dónde estoy ahora"* puedo aprender a vivir con la respiración *más suelta* y acordarme de *cómo quiero estar*.

Aprender, también, a estar inmersa en un medio, intrínsecamente *dinámico*; nadando como pez en el agua, fluyendo, danzante, sensorial.

Me permito esta síntesis después de haber separado la paja del buen trigo –al menos de un modo satisfactorio para mí– y reconociendo la importancia de distinguir límites e identidades y de no confundir lo que es una "integración" con lo que es un "encuentro" de técnicas corporales, expresivas, lúdicas, dramáticas, sonoras y plásticas, con algo de "psi" y de gimnasias conscientes, occidentales u orientales. Habiendo, además, partido del arte *underground* de los años ochenta y circulado con mucho placer por prácticas como el Yoga y el Tai-Chi, las técnicas de meditación del Osho, la Gestalt con sus maravillosas experiencias prolongadas, el psicodrama psicoanalítico y en otro momento gestáltico; la práctica en Expresión Corporal, los talleres de Musicoterapia, de Rítmos Africanos, de Bioenergética, Psicología Corporal, Técnicas Expresivas y Coordinación Grupal; técnicas Laban, Eutonía, Feldenkrais, de Gimnasia China, seminarios de Psicomotricidad, experiencias teatrales y de Danza; grupos de expresión, juego y creatividad, grupos autogestivos de experimentaciones aleatorias...

Verdaderas *experiencias* que luego se reafirmaron –al formar parte de mí– en mi formación profesional, Terciaria y Universitaria en el campo de la Expresión Corporal dentro de las áreas Artística y Pedagógica, con ingerencia de prevención en Salud y en lo Social. Dedicando, además, los últimos treinta años a trabajar formado profesionales, de nivel Terciario y Universitario en distintas carreras –Profesorado de Expresión y Lenguaje Corporal (a-771), Formación Docente EGB 1 y 2, Carrera de Artes (UBA), Licenciatura en Composición Coreográfica M / Expresión Corporal, Artes del Movimiento (UNA), Psicomotricidad (CAECE)–; y dando Seminarios en diversas Universidades del interior del país, y seminarios de pos grado universitario en la carrera de Maestría en Danza Movimiento Terapia (Artes del Movimiento-UNA), así como publicando trabajos en distintos medios y ámbitos –académicos y de difusión–. Sin dejar de mencionar la inserción en grupos autogestivos y redes sociales y culturales, explicitando siempre mi interés por la *reflexión* y la *acción* en el orden social, pensando lo histórico y lo político.

A todo esto debo sumar, en esta especie de balance, mi especial interés desde la infancia por la escritura y la lectura junto con las artes escénicas populares de las que la vida me permitió participar desde muy chica, gracias a algún abuelo poeta, tíos, y primos uruguayos muy activos en su participación cultural y política. También me construyeron prácticas de la infancia en Judo, Danzas Folklóricas, Teatro, Gimnasia Rítmica, Títeres, tanto como mi andar a caballo, trepar los árboles y revolcarme con mis perros.

Influencias que derivaron en la pasión de la adultez por la lectura, guiada por una curiosidad inagotable sobre lo humano, que me hicieron rastrear por la Filosofía de Oriente y de Occidente, la psicología, la biología, la historia, la sociología, la antropología, el psicoanálisis y por las *prácticas celebratorias*: danzas, experiencias teatrales, meditaciones, grupos de acciones aleatorias, experiencias plásticas, cantos...

Y habiendo *sido* en todas las experiencias que recuerdo, voz escrita, es que me permito poner palabra a *mi propia síntesis*.

...Pensar la Danza como apuesta filosófica que encarna, como un ofrendarse a sí mismo un cuerpo sin horizontes, un cuerpo desfondado que nos obliga a trascender el órgano. Un cuerpo en el que podemos devenir locos sin prefigurar fronteras, cuerpo estallado sin piedad que se niega a reconstruirse en la unidad de una razón ordenadora.

Inmersos en nuestro espesor, empujados por los flujos de la variación constante, sin poder seguir los ecos vertiginosos, que nos hacen y deshacen en identidades diversas. Varios soplos, varias tensiones que no buscan sosiego y por lo tanto no se agotan más que a sí mismas, en sí mismas y luego nos reflotan en alguna superficie para vernos, para ser mirados.

Pero, ¿cómo se "enseña" una Danza de las energías?

La palabra poética pone en tensión al tímpano y convoca al cuerpo a ponerse en paralelo abriéndose en los flujos; mostrando el arte de surfear en un relato vivo, poético, destrozando los lenguajes, haciendo explotar la palabra para que nos tome por asalto...

...Generar condiciones, no solo que posibiliten y habiliten la diversidad de experiencias, sino que las promuevan, las provoquen, las desafíen, las empujen, las aprieten, las sacudan, las acaricien, las griten, las besen.

Con tales pretensiones... sería muy difícil pensar en "pasar la posta".

Suerte, también hay otras lógicas: no hay "posta" ni qué "pasar". Y si la hubiese, en tal caso nos "pasaríamos postas" entre todos. Eso sería tejer en el nosotros. Eso sería explotar identidades, y pensar la dinámica. Eso sería generar rupturas danzantes.

Humildemente.

...Frente a una Danza de la precisión, proponer una Danza sin pudor; danzas imprecisas, danzas ambiguas, generadoras de tensiones e incomodidades. Danzas informes, danzas de la distorsión, danzas torcidas y fuera de eje.

Así, el ojo experto, tanto como el acostumbrado, se irrita, se crispa, y arremete furioso contra el insondable. ¡Claman hogueras para el danzarín!

Mi trabajo en Expresión Corporal –el que *me doy*, el que *doy a otros*, y el que *doy* para que otros *den*, multiplicando–, no puede sino tener el sello particular de la huella, que el suelo que pisé dejó en mi propio pie.

Es en esa misma huella en la que me enraízo al comienzo de cada clase, cuando veo los cuerpos expectantes, temerosos o decididos a jugarse en la experiencia, o cuando veo el pizarrón en un aula y comienzo a danzar sobre él mis escrituras y "grafismos", que solo quien comparte como una *experiencia ese momento*, centrada en lo teórico conceptual, y aplicando su propio pensamiento danzante, podrá comprender.

Son las mismas huellas en las que me "calzo" frente al teclado de la PC y trabajo en palabra lo que engendra una energía que surge del entramado entre vivencias, teorías y reflexiones, a veces solitarias, a veces compartidas.

Asumir mi *huella* en mi trabajo profesional es un modo de reconocer a todos aquellos que en algún momento me hicieron de "suelo" o de tierra, donde pisé, caminé, salté, me arrastré, giré, me enraicé y golpeé, haciendo de cada propuesta y cada vínculo una *experiencia de vida*.

Una vez más, agradezco a P. Stokoe[1], creadora del tronco inicial de la Expresión Corporal, el haber inaugurado una práctica que se propone como un espacio *abierto* a la transformación y a la resignificación, dando a la vez un *encuadre* claro, que cual límite o *regla del juego*, nos *contiene* y con ello nos *permite*, también como profesionales, tanto *jugar* como *crear*, sin por ello *violar el pacto lúdico*, sin necesidad de "hacer trampa".

Se trata de hacer crecer la Expresión Corporal, distribuirla en el tejido social, adecuarla a los contextos contemporáneos del conocimiento, las artes y la Danza.

Gracias a todos por compartir este despliegue de "pasiones alegres" abriendo nuevas condiciones para las libertades *por venir*.

---

1   De quien no fui alumna sino a través de una nutriente lectura de sus libros, que la convirtieron para mí en un eje referencial de *encuadre* dentro de la Expresión Corporal.

Bibliografía

Ajuriaguerra, J. y Hécaen, H. (1952) *Méconnaissance ey Hallucinations corporelles*. París: Masson.

Alexander, G. (1983) *La Eutonía*. Barcelona: Paidós.

Bachelard, G. (1965) *La poética del espacio*. México: Fondo de Cultura Económica.

Bachelard, G. (1978) *El agua y los sueños*. México: Fondo de Cultura Económica.

Bachelard, G. (1985) *El derecho de soñar*. México: Fondo de Cultura Económica.

Barba, E. y Savarese, N. (1990) *El arte secreto del actor –diccionario de antropología teatral*. México: Pórtico de la Ciudad de México.

Barlow, W. (1986) *El principio de Matthias Alexander*. Barcelona: Paidós.

Barthes, R. (1989) *Variaciones sobre la escritura*. Buenos Aires: Sudamericana.

Battán Horstein, A. (2004) *Hacia una fenomenología de la corporeidad*. Córdoba: Universitas, Editorial Científica Universitaria.

Bernard, M. (1980) *El Cuerpo*. Buenos Aires: Paidós.

Bernard, M. (1994) "El imaginario germánico del movimiento o las paradojas del lenguaje de la danza de Mary Wigman", en *Tendencias interculturales y práctica escénica*. Pavis / Guy Rosa. México: Grupo Editores Gaceta.

Blanchard Laville, C. (1996) *Saber y relación pedagógica*. Buenos Aires: Novedades Educativas.

Blauberg, I. y otros (1984) *Breve diccionario filosófico*. Buenos Aires: Cartago.

Blazer, C. (1975) *Arte, fantasía y mundo*. Buenos Aires: Plus Ultra.

Brites y Muler (1990) *Un lugar para jugar el espacio imaginario*. Buenos Aires: Bonum.

Brooks, Ch. (1992) *Conciencia Sensorial*. Barcelona: Ediciones Obelisco.

Burckhardt, T. (1982) *Principios y métodos del arte sagrado*. Buenos Aires: Lidium.

Campbell, J. (1992) *El héroe de las mil caras –psicoanálisis del mito*. Argentina: Fondo de Cultura Económica.

Castoriadis, C. (1993) *El imaginario social y la institución*. Argentina: Tusquets.

Castoriadis, C. y Aulagnier, P. (2001) *La violencia de la interpretación*. Buenos Aires: Amorrortu Editores.

Chiozza, L. y otros (1991) *Los afectos ocultos en…* Buenos Aires: Alianza Editorial.

Citro, S. (2009) *Cuerpos significantes. Travesías de una etnografía dialéctica*. Buenos Aires: Biblos.

Classen, C. (1997) "Fundamentos de una Antropología de los sentidos", en *Revista Internacional de Ciencias Sociales*, N° 157.

Doltó, F. (1986) *La imagen inconsciente del cuerpo*. Argentina: Paidós.

Doltó, F. (1998) *Textos Inéditos*. Madrid: Alianza Editorial.

Dropsy, J. (1982) *Vivir en su cuerpo*. Buenos Aires: Paidós.

Efrón, D. (1970) *Gesto, raza y cultura.* Buenos Aires: Nueva Visión.

Ehrenzweig, A. (1975) *El orden oculto del arte.* Madrid: Labor.

Ehrenzweig, A. (1975) *Psicoanálisis de la percepción artística.* Barcelona: Gustavo Gilli.

Feldenkrais, M. (1972) *Autoconciencia por el movimiento.* Buenos Aires: Paidós.

Feldenkrais, M. (1991) *La dificultad de ver lo obvio.* Buenos Aires: Paidós.

Franco, Y. (2003) *Magma –Cornelius Castoriadis, psicoanálisis, filosofía, política.* Buenos Aires: Biblos.

Gadamer, H. (1991) *La actualidad de lo bello.* Barcelona: Paidós.

García, E. (2012) *Maurice Merleau-Ponty. Filosofía, Corporalidad y Percepción.* Buenos Aires: Rhesis.

Geltman, P. (1996) *Gastón Bachelard. La razón y lo imaginario.* Buenos Aires: Almagesto.

Guido, R. (1999) *Danza, Mito y Ritual.* Buenos Aires: UBA.

Guido, R. (2003) *Arte, creatividad y dimensión lúdica.* Buenos Aires: UBA.

Guido, R. (2006) "Cuerpo, soporte y productor de múltiples imágenes", en Matoso, E. (comp.), *El cuerpo incierto.* Buenos Aires: Letra Viva y UBA, Facultad de Filosofía y Letras.

Guido, R. (2006) "Proceso creador y dimensión lúdica en el arte", en Matoso, E. (comp.), *El cuerpo incierto.* Buenos Aires: Letra Viva y UBA, Facultad de Filosofía y Letras.

Guido, R. (2009) *Cuerpo, Arte y Percepción. Aportes para repensar la Sensopercepción como Técnica de Base de la Expresión Corporal.* Buenos Aires: IUNA (actual UNA), Artes del Movimiento.

Guido, R. (2014) *Teorías de la Corporeidad. Distintas representaciones del cuerpo en Occidente.* Buenos Aires: Instituto Universitario Nacional del Are (actual UNA), Artes del Movimiento.

Hemsy de Gainza, V. (1985) *Conversaciones con Gerda Alexander.* Buenos Aires: Paidós.

Islas, H. (1995) *Tecnologías corporales: danza, cuerpo e historia.* México: Centro Nacional de las Artes, Serie Investigación y Documentación de las Artes.

Ivelic, M. (1998) *Curso general de Estética.* Chile: Universitaria.

Laban, R. (1982) *Danza Educativa Moderna.* Barcelona: Paidós.

Lapierre, A. y Aucouturier, B. (1980) *El cuerpo y el inconsciente en educación y terapia.* Barcelona: Científico Médica.

Lapierre, A. y Aucouturier, B. (1980) *Simbología del movimiento.* Barcelona: Científico Médica.

Laplanche, J. y Pontalis, J. (1974) *Diccionario de Psicoanálisis.* Barcelona: Labor.

Le Boulch, J. (1971) *Hacia una ciencia del movimiento humano.* Buenos Aires: Paidós.

Le Bretón, D. (1995) *Antropología del cuerpo y modernidad.* Buenos Aires: Nueva Visión.

Le Bretón, D. (1998) *Las pasiones ordinarias. Antropología de las emociones.* Buenos Aires: Nueva Visión.

Le Bretón, D. (1999) *Antropología del dolor.* Madrid: Seix Barral.

Le Bretón, D. (2002) *La sociología del cuerpo.* Buenos Aires: Nueva Visión.

Le Bretón, D. (2007) *Adiós al cuerpo.* México: La cifra Editorial.

Lepecki, A. (2010) *Agotar la Danza. Performance y política del movimiento.* Madrid: Centro Coreográfico Gallego, Universidad de Alcalá.

Maisonneuve, J. y Bruchon, M. (1984) *Modelos del cuerpo y psicología estética.* Buenos Aires: Paidós.

Medina, N. (1984) *Psicodanza –una terapia de contacto.* Buenos Aires: Paidós.

Merleau-Ponty, M. (1975) *Fenomenología de la percepción.* Barcelona: Península.

Merleau-Ponty, M. (2003) *El mundo de la percepción. Siete conferencias.* Buenos Aires: Fondo de Cultura Económica.

Moreno, J. L. (1965) *Psicomúsica y Sociodrama.* Buenos Aires: Hormé.

Moreno, J. L. (1972) *Psicodrama*. Buenos Aires: Hormé.

Moreno, J. L. (1977) *El teatro de la espontaneidad*. Buenos Aires: Vanc.

Nasio, J. D. (2008) *Mi cuerpo y sus imágenes*. Buenos Aires: Paidós.

Oliveras, E. (2004) *Estética, la cuestión del Arte*. Buenos Aires: Ariel Filosofía.

Paín, S. (1985) *La génesis del inconsciente. La función de la ignorancia II*. Buenos Aires: Nueva Visión.

Paín, S. (1998) *Estructuras inconscientes del pensamiento. La función de la ignorancia I*. Buenos Aires: Nueva Visión.

Pavis, P. (2000) *El análisis de los espectáculos –teatro, mimo, danza y cine*. Barcelona: Paidós.

Pavis, P. (2003) *Diccionario de teatro. Dramaturgia, estética, semiología*. Buenos Aires: Paidós.

Pavis, P. y Rosa, G. (1994) *Tendencias interculturales y práctica escénica*. México: Grupo Editorial Gaceta.

Picard, D. (1986) *Del código al deseo*. Barcelona: Paidós.

Pichon Riviere, E. (1990) *El proceso creador*. Buenos Aires: Nueva Visión.

Scheines, G. (1980) *Juguetes y jugadores*. Buenos Aires: Belgrano.

Scheines, G. (1980) *Los juegos de la vida cotidiana*. Buenos Aires: Eudeba.

Scheines, G. (1998) *Juegos inocentes juegos terribles*. Buenos Aires: Eudeba.

Schilder, P. (1977) *Imagen y apariencia del cuerpo humano*. Buenos Aires: Paidós.

Schnaith, N. (1999) *Paradojas de la Representación*. Barcelona: Café Central.

Waldeen (1982) *La Danza –imagen de creación continua*. México: Universidad Nacional Autónoma de México.

Winnicott, D. (1982) *Realidad y juego*. Buenos Aires: Gedisa.

Esta edición se terminó de imprimir en junio de 2016 en los talleres de Gráfica LAF s.r.l., ubicados en Monteagudo 741, San Martín, Provincia de Buenos Aires, Argentina.

www.ingramcontent.com/pod-product-compliance
Lightning Source LLC
Chambersburg PA
CBHW020933090426
42736CB00010B/1120